AF582145

STATISTIQUE

DE

LA VERRERIE

En publiant cette statistique, nous avons eu pour but de grouper quelques renseignements généraux sur le commerce et l'industrie du verre en France et à l'étranger. L'étude des chiffres de la production comparés à ceux de l'importation et de l'exportation peut fournir matière à d'utiles rapprochements à une époque où, de tous côtés, on s'efforce de répartir équitablement les tarifs douaniers de façon à favoriser le développement des transactions commerciales sans nuire aux industries établies dans de bonnes conditions de viabilité.

Le présent travail, où nous énumérons par ordre alphabétique les pays producteurs de verre, est destiné à faciliter cette étude et ces rapprochements. Nous y joignons le tableau des droits d'entrée en vigueur jusqu'à l'expiration des traités de commerce. Il serait à désirer qu'à cette époque, on arrivât à adopter pour les tarifs une même nomenclature ; tant que cela n'aura pas lieu, la statistique des importations, dressée d'après les tableaux de douane, ne pourra être unifiée. Un souhait analogue est à réaliser en ce qui touche la base de perception des droits, parfois différente pour deux pays voisins.

Les sources auxquelles nous avons puisé sont assez nombreuses ; la principale est une collection de Mémoires émanant, pour la plupart, des membres du jury du IXe groupe à l'Exposition universelle de Vienne en 1873, laquelle a été recueillie et augmentée par le capitaine Wendelin-Boeheim, et publiée par M. Lobmeyr, de Vienne. Nous avons également consulté les tableaux du commerce extérieur, publiés par plusieurs pays ; enfin nous devons à d'obligeantes communications quelques documents particuliers qui trouveront place dans le cours de ce travail.

Empire d'Allemagne.

Il existe dans l'empire allemand 348 établissements où l'on travaille le verre; mais sur ce nombre, il n'en faut compter que 250 comme ayant une certaine importance; les autres sont des fabriques de verres de montre, de perles soufflées, etc., ou des *raffineries* du genre de celles qu'on rencontre en Bohême.

La fabrication des glaces coulées, dont les verreries d'Aix-la-Chapelle et Mannheim (appartenant à la Compagnie française de Saint-Gobain) ont eu longtemps le monopole, est aujourd'hui entreprise par des société allemandes à Freden, Waldenburg et Grünenplan.

On polit et on étame, dans toute la forêt de Bavière, les glaces soufflées, qui sont expédiées de Bohême à l'état brut. Elles servent à faire de petits miroirs à bon marché, désignés en Allemagne sous le nom de « Judenmasspiegel ».

Le verre à vitre blanc ou commun est fabriqué dans toutes les parties de l'Allemagne, mais principalement sur le Rhin, en Westphalie et en Silésie; la gobeleterie blanche, dans les provinces rhénanes et la Lusace; la gobeleterie de luxe, dans le Riesengebirge, le Fichtelgebirge et la forêt de Bavière (1); les verroteries dans le Fichtelgebirge, et les appareils de chimie principalement dans la forêt de Thuringe et le Brandebourg. Les verreries de Saxe et de Lusace livrent en grande quantité les articles d'éclairage.

Ces diverses productions n'ont rien de spécial; mais il n'en est pas de même de la fabrication des bouteilles, qui a acquis un grand développement à Saarbrück, à l'embouchure de l'Elbe et aux environs de Berlin et de Dresde.

La verrerie de Dresde, fondée en 1862, occupe 357 ouvriers. On y fabrique annuellement quatre millions et demi de bouteilles, dont la moitié pour l'Allemagne, l'autre moitié pour l'Autriche.

On y fait également des ballons en verre et des articles d'éclairage.

Aux produits habituellement employés dans les compositions, on a joint les silicates naturels et d'autres substances, comme la phonolithe, la cryolithe, le spath-fluor et les résidus de fabriques de soude.

C'est dans cette verrerie que M. Frédéric Siemens a établi des fours à travail continu, de son invention, qu'il désigne sous le nom de fours « à vannes » (wanneöfen).

Un modèle de ces fours a été exposé à Vienne et fort remarqué. Le rapporteur français du IXe groupe, M. Victor de Luynes, n'hésite point à signaler la découverte de

---

(1) La cristallerie de Saint-Louis, restée française par son dépôt, mais située sur le territoire de la Lorraine annexée, est aujourd'hui le plus important de tous les établissements d'Allemagne où l'on travaille les verres de luxe.

M. F. Siemens comme « un des faits les plus importants de l'Exposition (1) », et considère comme résolu le problème de la fabrication continue du verre. Plusieurs établissements d'Allemagne, d'Autriche, et même de Russie, ont adopté ce système, qui, jusqu'ici, n'a point encore été introduit en France.

---

(1) Les fours à « vannes » de Dresde, comme ceux bien connus du système Siemens, sont chauffés au gaz avec régénérateurs de chaleur.

Ils se composent de trois bassins successifs, que nous désignerons par les lettres A, B et C.

Une circulation d'air froid ménagée au-dessous de chaque bassin et dans les parties latérales, permet d'obtenir une plus longue résistance de la matière réfractaire.

La flamme n'est pas introduite dans la direction longitudinale, mais elle agit transversalement sur la surface des trois bassins, ce qui permet de donner dans toutes les parties du four les différents degrés de chaleur nécessaire.

Le premier bassin A, dans lequel on introduit la matière à fondre, est séparé du second par un mur, à la partie inférieure duquel sont pratiqués des canaux, dont les orifices aboutissent au niveau d'un autel surélevé établi derrière le mur, à l'entrée du bassin d'affinage B ; celui-ci est lui-même séparé du troisième bassin C, dans lequel on travaille, par un pan latéral, muni également, à sa partie inférieure, d'ouvertures livrant passage au verre.

Le poids spécifique de la masse du verre augmentant à mesure que se fait la fusion, les matières vitrifiables, placées dans le compartiment A, tombent doucement, au fur et à mesure de la fonte, sur le fond du bassin et s'écoulent par les canaux qui remontent au niveau de l'autel.

Bientôt affiné, par l'effet de la chaleur plus élevée à la surface, le verre tombe de l'autre côté de l'autel et sur le fond du bassin B, pour entrer ensuite dans le compartiment C, où on vient le cueillir pour le façonnage.

On peut ainsi travailler d'une façon continue, fondre et souffler sans aucune interruption dans la fabrication, qui est réglée de 6 heures du matin à 6 heures du soir, et de 6 heures du soir à 6 heures du matin.

Cet avantage n'est point le seul ; outre la suppression des creusets et de tous les frais et inconvénients qui s'y rattachent, on obtient encore par ce procédé une durée plus grande des fours, chauffés à moindre température, car chaque partie de la masse fondante, dont l'épaisseur ne dépasse pas 40 centimètres, est exposée à soutenir l'action de la flamme, tandis que, dans le système habituel, la chaleur du feu ne produisant tout son effet qu'à la surface des creusets, il faut dépenser une chaleur essentiellement plus grande que celle qui répond à la vraie température pour la masse à fondre.

Au dire de l'inventeur, un four à « vannes » à 8 places (16 souffleurs) consomme à peu près la même quantité de charbon qu'un four ordinaire à gaz ayant 12 creusets, et sa production est plus que double.

STATISTIQUE (1) (1874).

Importation.

	Quintaux allemands.
Verre vert, gobeleterie commune	29,700
Verre blanc, uni, non taillé	14,700
Verre à vitre, vert, mi-blanc et blanc	118,000
Pendeloques, boutons de verre, perles, vitrifications	18,700
Moulure et verre taillé, dépoli ou gravé	26,584
Glaces brutes, non polies	57,200
Glaces polies, étamées ou non étamées	2,560
Verre de couleur, peint, doré ou en combinaison avec d'autres matières	23,474
Verre en masse ou en tubes pour la fabrication des perles et le soufflage	1,440
Verres de montre	390
Total	292,748

Exportation.

	Quintaux allemands.
Verre creux, gobeleterie	545,000
Verre à vitre	40,500
Verre à glaces	38,100
Verroteries	85,600
Verre en masse ou en tubes pour la fabrication des perles et le soufflage	570
Verre de montre	520
Total	710,290

DROITS D'ENTRÉE DES VERRES DANS L'EMPIRE D'ALLEMAGNE.

	Bases.	Droits. fr. c.
Verres et cristaux :		
Verre vert en pièces creuses (vases et bouteilles)	»	exempt.
— blanc, en pièces creuses, uni, non taillé ou taillé au bouchon, au pied ou aux bords seulement	100 kilog.	5 »
— à vitre et en feuilles ou disques de couleur naturelle, vert, mi-blanc et blanc	100 kilog.	5 »
Pendeloques de lustre	100 kilog.	5 »
Boutons de verre	100 kilog.	5 »
Perles de verre	100 kilog.	5 »
Vitrifications	100 kilog.	5 »

(1) *Statistik des deutschen Reichs herausgegeben von Kaiserlichen statistischen Amt.* — Berlin 1875.

	Bases.	Droits. fr. c.
Verre massif blanc, pressé, taillé, dépoli, gravé à dessins	100 kilog.	20 »
Glaces :		
1. Brutes, non polies	Id.	3 75
2. Polies, étamées ou non	Id.	30 »
Verre de couleur peint ou doré, sans distinction de forme. Verrerie combinée avec d'autres matières, en tant que par le fait de la combinaison elles ne rentrent pas dans la *mercerie*	Id.	30 »
Verre en masse, en tubes à tailler, en baguettes ou en plaques, sans distinction de couleur, pour la fabrication des perles et des boutons et le soufflage. Email en masse	»	exempt.

États-Unis de l'Amérique du Nord.

L'industrie du verre aux États-Unis a fait de grands progrès dans ces dernières années.

Il y a dix ans, par exemple, les verres moulés se vendaient de 1 dollar 50 à 2 dollars 50 la douzaine, et chaque équipe d'ouvriers produisait à peine 30 douzaines par jour ; aujourd'hui, ces mêmes équipes (composées d'un cueilleur, d'un souffleur, d'un finisseur et d'un gamin) fabriquent 45 douzaines, ne valant plus que 0 dollar 50 à 1 dollar 25 chacune.

Bien que les droits d'entrée soient très-élevés, — comme on en peut juger par le tableau, — on importe en Amérique des quantités considérables de verres, principalement des glaces, du verre à vitre, et des objets de fantaisie décorés de peintures ou de gravures tels que : garnitures de toilette, boîtes à odeurs, porte-bouquets, boîtes à bijoux, services de fumeurs, flacons à eau de Cologne et à essence, flacons de poche, coupes à fruit, compotiers, services de table, etc. Pour tout ce qui concerne la cristallerie, le marché de New-York est, à lui seul, plus important que tous ceux du monde réunis.

L'habileté des Américains dans le travail de certaines moulures a été particulièrement remarquée à l'Exposition universelle de 1867 :

« Les cristaux de MM. Lyon et comp., des États-Unis, dit M. Peligot (1), n'attirent pas sans doute les visiteurs ordinaires ; leur forme n'est pas élégante, la matière en est médiocre, mais les fabricants examinent avec curiosité des verres à pied unis et d'autres

(1) Exposition universelle de 1867. — *Rapports du Jury international*, tome III, p. 71.

objets moulés d'une seule pièce avec une rare habileté. Tandis que généralement le moule laisse sur la surface du verre une empreinte qui en altère la limpidité, les produits de MM. Lyon et comp. sont presque aussi purs que s'ils avaient été soufflés. Les moules employés pour ces verres doivent être d'une grande perfection. »

Cette supériorité des Américains ne se manifeste point dans les autres genres de moulures. Pour la moulure à la presse, entre autres, la France et l'Angleterre ont toujours été sans rivales.

Flint-glass (cristal). — Les cristalleries américaines traitent un sable excellent, dont les gisements se trouvent au pays de Berkshire (Massachussetts), et s'approvisionnent de minerai à l'usine de « New-England-Boston et Sandwich comp. » Mais elles ont dû renoncer à l'emploi des terres d'Amérique à la suite d'expériences très-coûteuses, et leurs argiles viennent d'Allemagne ou de Belgique.

La fonte du cristal se fait à pots couverts et dure trente heures.

Le travail du verre ordinaire ayant été très-perfectionné, les services de table qu'on fabriquait autrefois en flint-glass se font aujourd'hui en *lime-glass.*

Verre vert. — Cette branche de l'industrie verrière est la plus importante de toutes aux États-Unis. Les usines s'y disputent principalement la spécialité des fioles de pharmacie, dont on consomme chaque année vingt-trois millions de grosses, et celle des verres à boire pour les *public-houses.*

Les fabricants de verre vert travaillent à pots découverts. Leur sable, de qualité inférieure à celui de Berkshire, est tiré de la rivière Morris (New-Jersey), près de laquelle se sont installés beaucoup d'établissements.

Nombre des fabriques américaines et lieux où elles sont situées. — En 1866, il n'existait aux États-Unis que 127 verreries ; aujourd'hui on en compte 213.

Ces verreries sont situées à Cambridge, Sommerville, Boston-Sandwich, New-Bedford, dans le *Massachussetts;* à Brooklyn, Williamsburg, Greenpoint, Corning, Lancaster, New-Lebanon, Rochester, Port-Jervis et Lyons, dans l'*État de New-York;* à Bergen, Millville, Glauboro, Tamboro, Williamstown et Bedford, dans l'*État de New-Jersey;* à Pittsburg, Allegheny, Philadelphie, West-Philadelphie et White-Mills, en *Pensylvanie;* à Wheeling, dans la *Virginie occidentale*; à Belmont et Bellefontaine, dans le *Ohio;* à Saint-Louis, dans le *Missouri*, et à San-Francisco, en *Californie.*

Ces diverses fabriques occupent en tout 17,243 ouvriers, principalement des hommes et des enfants. Il y a bien aussi quelques femmes et jeunes filles, mais leur occupation ne consiste guère qu'à envelopper les marchandises et à nettoyer les objets au sortir de l'arche.

La condition des ouvriers est bonne, car ils sont généralement laborieux ; leur salaire varie de 30 à 40 dollars par semaine. Les propriétaires de verreries construisent souvent de petites habitations qu'ils louent ou vendent à leurs employés, et rentrent dans leurs fonds par petits à-comptes.

Les ouvriers ont formé entre eux dans l'East-Cambridge, à Pittsburg et à Brooklyn, des associations d'exploitation qui, pour la plupart, n'ont pas eu grand résultat. Celle de Brooklyn a fait faillite, et la société a été dissoute.

Les associations de l'East-Cambridge et de Pittsburg fonctionnent encore, et on trouve qu'elles fabriquent bien ; mais leurs règlements arbitraires amènent souvent des conflits.

Les marchands de verre ont constitué aussi des associations syndicales assez puissantes ; elles ont réussi tout récemment à faire abandonner aux fabricants la taxe que ceux-ci ajoutaient à leurs factures comme « impôt de guerre ».

Moules. — Comme nous l'avons dit, les Américains sont très-habiles dans la fabrication des moules. Ils ont imaginé dernièrement un nouvel appareil appelé « a die ». C'est une espèce de noyau central, à l'aide duquel on peut mettre dans une forme n'importe quel nom ou dessin, sans être obligé comme autrefois de faire un moule séparé pour chaque sujet. Chaque pharmacien peut ainsi, très-économiquement, faire inscrire son nom sur ses bouteilles.

Gravure au sable. — Aux deux procédés de gravure usités en Europe, les Américains en ont ajouté un troisième : la gravure au sable. Cette dernière, bien que n'étant point appelée à remplacer jamais complétement ni la gravure à la roue, ni la gravure à l'acide fluorhydrique, n'en a pas moins son importance, car elle permet de reproduire des sujets très-délicats, tels que ceux obtenus par la photographie sur gélatine bichromatée.

Fioles de pharmacie. — Les fioles de pharmacie, dont la diversité de types et de formes est vraiment surprenante, sont l'objet d'un commerce très-important dans tous les États-Unis, mais surtout à New-York. Une maison de cette ville possède à elle seule 13,000 modèles, et chaque jour elle en ajoute de nouveaux. Pour cette spécialité, les Américains n'ont point à redouter la concurrence d'Europe.

Commerce de New-York. — La ville de New-York fournit aux États du Sud, de l'Est et du Centre toutes sortes de verre et alimente presque toute la consommation ; de plus, elle expédie à Cuba, au Japon, en Chine, aux Bermudes et dans les États de l'Amérique du Sud. C'est à New-York que se trouve le grand entrepôt du commerce des verres venant d'Europe ; la moitié du cristal qui sort de France est dirigé vers cette ville, et le montant des transactions pour toutes les catégories de verres américains ou étrangers s'élève à 25 millions de dollars.

STATISTIQUE.

La production annuelle des États-Unis en marchandises verrières est de 22 millions de dollars.

Le capital engagé par les fabricants est de 14 millions de dollars.

L'exportation des verres atteignit en 1872 le chiffre de 547 112 dollars, dont

220 080 pour le Canada, **53 072** pour Cuba, **43 371** pour la Colombie, **26 419** pour le Mexique, etc.

Importation en **1872.**

	Dollars.
Verre à vitre ordinaire	2,103,827
Vitres polies	23,931
Glaces brutes	17,697
Glaces polies et non étamées	1,063,810
Glaces polies et étamées	803,487
Autres sortes de verres	1,821,960
Total	5,834,712

Cette somme se décompose ainsi :

Importations belges : 2,007,725 dollars.	Importations allemandes : 1,527,892 dollars.
Importations anglaises : 1,846,397 dollars.	Importations françaises : 395,201 dollars.

STATISTIQUE (1).

Importation (pendant les 6 premiers mois de 1875).

	Dollars.
Verre à vitre commun	957,972
— poli	13,239
Glaces brutes	25,138
Glaces polies non étamées	1,083,850
Glaces polies et étamées	459,353
Autres marchandises diverses non dénommées	505,681
Total	3,045,233

DROITS D'ENTRÉE DES VERRES AUX ÉTATS-UNIS.

VERRERIE.

	Bases.	Droits. fr. c.
Ordinaire ou moulée, non taillée, gravée, ni décorée	valeur.	35 %
Taillée, gravée, colorée ou dorée	Id.	40 %

(1) *Monthly Report of the Chief of Bureau of Statistic treasury Department.* Année 1875.

Manchons et verre à vitre ordinaire.

	Bases.	Droits. fr.	c.
Non poli, ayant au maximum :			
10 pouces sur 15 pouces (0^m,25 sur 0^m,37.5) de côté. . . .	kilog.	»	17
de 10 sur 15 p. à 16 sur 24 p. (0^m,25 sur 0^m,37.5 à 0^m,40 sur 0^m,60).	Id.	»	23
de 16 sur 24 p. à 24 sur 30 p. (0^m,40 sur 0^m,60 à 0^m,60 sur 0^m,75).	Id.	»	29
Au-dessus.	Id.	»	34
Poli, ayant au maximum :			
10 pouces sur 15 pouces (0^m,25 sur 0^m,37.5).	mètre carré.	1	40
de 10 sur 15 p. (0^m,25 sur 0^m,37.5) à 16 sur 24 p. (0^m,40 sur 0^m,60).	Id.	2	24
de 16 sur 24 p. (0^m,40 sur 0^m,60) à 24 sur 60 p. (0^m,60 sur 1^m,50).	Id.	3	36
de 24 sur 30 p. (0^m,60 sur 1^m,50) à 24 sur 60 p. (0^m,60 sur 1^m,50).	Id.	11	20
Au-dessus de 24 p. sur 60 p. (0^m,60 sur 0^m,75).	Id.	22	40

Verre cannelé, cylindré et verre à glace brut.

	Bases.	Droits. fr.	c.
Ayant au maximum 10 p. sur 15 p. (0^m,25 sur 0^m,37.5). .	Id.	»	42
de 10 p. sur 15 p. (0^m,25 sur 0^m,37.5) à 16 sur 24 p. (0^m,40 sur 0^m,60).	Id.	»	56
de 16 sur 24 p. (0^m,40 sur 0^m,60) à 24 sur 30 p. (0^m,60 sur 0^m,75).	Id.	»	84
Au-dessus de 24 sur 30 p. (0^m,60 sur 0^m,75).	Id.	1	12

Verre à glace, coulé et poli.

	Bases.	Droits. fr.	c.
Ayant au maximum 10 p. sur 14 p. (0^m,25 sur 0^m,37.5). .	Id.	1	68
de 10 sur 15 p. (0^m,25 sur 0^m,37.5) à 16 sur 24 p. (0^m,40 sur 0^m,60).	Id.	2	80
de 16 sur 24 p. (0^m,40 sur 0^m,60) à 24 sur 30 p. (0^m,60 sur 0^m,75).	Id.	4	48
de 24 sur 30 p. (0^m,60 sur 0^m,75) à 24 sur 30 p. (0^m,60 sur 1^m,50).	Id.	14	40
Au-dessus de 24 sur 60 p. (0^m,60 sur 1^m,50).	Id.	28	80

Verre à glaces poli et étamé et miroirs.

	Bases.	Droits. fr.	c.
Ayant au maximum 10 sur 15 p. (0^m,25 sur 0^m,37.5). . .	Id.	2	24
de 10 sur 15 p. (0^m,25 sur 0^m,37.5) à 16 sur 24 p. (0^m,40 sur 0^m,60).	Id.	3	36
de 16 sur 24 p. (0^m,40 sur 0^m,60) à 24 sur 30 p. (0^m,60 sur 0^m,75).	Id.	5	60

	Bases.	Droits. fr. c.
de 24 sur 30 p. (0m,60 sur 0m,75) à 24 sur 60 p. (0m,60 sur 1m,50)	mètre carré.	19 60
Au-dessus de 24 sur 30 p. (0m,60 sur 1m,50)	Id.	33 »
Verres et cristaux.		
Bouteilles et bombonnes pleines, non dénommées	valeur.	30 %
Verre opaque, verre de Bohême, verres de montre en cristal ou caillou. Peinture sur verre. Articles en verre ou dans la composition desquels entre le verre, non dénommés, et jarres en verre pleines de bonbons ou de conserves non dénommées	Id.	40 %
Verre cassé en morceaux et groisil	»	exempt.
Emaux	valeur.	20 %
Vitrifications	Id.	50 %

Angleterre.

Quoique placés à portée du combustible, qui entre pour une si forte part dans le prix de revient du verre à bouteilles, des glaces, du verre à vitre, de la gobeleterie et même du cristal, les Anglais ne sont point encore arrivés à égaler, comme prix et comme qualité, la plupart des produits fabriqués sur le continent.

Ce retard, qui a lieu d'étonner, a été constaté maintes fois dans les diverses Expositions, et l'opinion des hommes les plus autorisés en pareille matière (1) a toujours été unanime pour l'attribuer à une cause unique : « l'Excise-Duty » ou droit intérieur, qui, pendant longtemps, a pesé sur toute l'industrie verrière en Angleterre.

« La taxe sur le verre fut établie vers 1695, sous le règne de Guillaume III ; quelques années après, elle fut réduite à moitié, puis entièrement supprimée, à cause de son caractère vexatoire et du préjudice qu'elle apportait à l'industrie du verre dont elle arrêtait l'essor. Rétablie en 1746, elle fut souvent modifiée ; en 1812, elle fut doublée, comme taxe de guerre. Elle amena ce résultat que, malgré le grand accroissement de la population, la production du verre allait toujours en diminuant. Enfin, en 1845, elle a été entièrement supprimée, sous le ministère de sir Robert Peel (2). »

Cet impôt était perçu au poids ; mais comme cette méthode ne présentait pas de garanties suffisantes, on exerçait en même temps les verreries.

« Pendant le règne de l'Exercice, aucun creuset ne pouvait être déplacé de l'endroit dans lequel il était séché sans une autorisation écrite du *supervisor* (contrôleur). Une seconde autorisation était exigée pour mesurer la contenance du creuset ; une troisième pour le placer dans le four, une autre pour le remplir, et une autre encore pour

(1) Voir le Rapport officiel de lord de Mauley, président de la classe XXIV à l'Exposition universelle de Londres en 1851.

(2) E. Peligot. — *Rapport sur les verres et cristaux de l'Exposition universelle de Londres en* 1851, p. 37.

le vider. En outre, le maître de la verrerie devait obéir strictement à l'acte du Parlement qui accordait six heures au contrôleur pour remplir chacune de ces formalités vexatoires (1). »

Que de semblables règlements aient exercé sur l'ensemble de la production l'influence la plus fâcheuse à l'époque où ils étaient appliqués, c'est ce que l'on conçoit facilement ; mais le mal ne s'est pas borné là, et ses conséquences ont eu pour résultat d'introduire dans les différents modes de travail des habitudes de lenteur, devenues plus tard si difficiles à déraciner qu'un des maîtres les plus éminents en verrerie ne craint pas de dire « qu'aujourd'hui encore, les fabricants anglais se ressentent des entraves que le fisc apportait, il y a trente ans, aux progrès de leur industrie (2). »

Bon nombre des pratiques de la verrerie anglaise dérivent, en effet, d'anciennes coutumes qui avaient leur raison d'être au temps de l'Exercice, et que la tradition a conservées, même après la suppression de cette taxe.

En France et en Autriche, les verriers se sont constamment appliqués à produire en grande masse et à bas prix les objets de consommation générale, en même temps que ceux de luxe ; les diverses branches de leur industrie se sont développées parallèlement, et chacune suivant son degré d'importance. Il n'en a pas été de même en Angleterre : soumis à un impôt qui représentait souvent au delà de trois fois la valeur du verre lui-même, les verriers anglais s'adonnèrent principalement à la fabrication des objets de luxe, dont l'écoulement était facile, même à des prix élevés, grâce à la richesse de leur matière et au fini de leur exécution. La trace de cette tendance se retrouve encore aujourd'hui : si les Anglais ont des rivaux dans la fabrication du cristal, ils n'ont pas de supérieurs ; par contre, leurs verres à vitre sont loin de valoir les produits similaires de Belgique et du nord de la France ; leurs glaces, dont ils avaient exposé au Palais de Cristal des spécimens très-imparfaits, n'ont plus figuré à aucune Exposition (3) ; quant à la gobeleterie commune, formée de cristaux ordinaires ou de rebut, elle n'a jamais été, dans ce pays, l'objet d'une fabrication spéciale.

Flint-glass. — A une époque assez difficile à préciser, mais qui ne paraît pas remonter au delà des dernières années du XVIIe siècle, les Anglais commencèrent à fabriquer en grand le verre à base de plomb, qu'ils désignent sous le nom de *flint-glass*, et que nous appelons cristal.

Le *flint-glass* obtint dès ses débuts un prodigieux succès ; la vogue, qui s'était attachée jusque-là aux verreries de Venise ou de la Bohême, diminua sensiblement et se reporta tout entière sur les nouveaux produits, que leur éclat plaçait bien au-dessus du cristal de roche, resté pendant longtemps comme type de la perfection à atteindre.

Pour faire valoir encore davantage les qualités de leur *flint-glass*, les Anglais imagi-

(1) A. Pellatt. — *Curiosities of glass making.*

(2) Lettre de M. Peligot, lue à l'Assemblée nationale par M. le baron de Ravinel, dans la séance du 1er mars 1874.

(3) E. Peligot. *Loc. cit.*

nèrent de nouvelles tailles, à l'imitation de celles du diamant, dites *à facettes* ou diamantées, et conservèrent dès lors le monopole des verres de luxe, jusqu'au jour où la France put le leur disputer.

Le *flint-glass* est moins chargé en plomb que le cristal fabriqué en France, son pouvoir dispersif est donc un peu plus faible, mais sa limpidité en fait un des verres les plus beaux et les plus *fins* que l'on connaisse.

La teinte du *flint-glass* est quelquefois d'une blancheur parfaite, mais plus souvent tire sur le *jaune;* celle du cristal français, parfois très-blanc aussi, a plutôt une tendance au *bleu*.

En France, douze à quatorze heures suffisent pour la fonte et l'affinage du cristal; en Angleterre, la durée de ces opérations est triple ou quadruple; c'est à cette circonstance, aussi bien qu'à diverses autres particularités, telles que l'emploi de matière neuve à chaque opération et la fonte à moins haute température, qu'on attribue l'éclat et la finesse de verre du flint-glass.

Le façonnage des pièces est pratiqué par les ouvriers de Birmingham avec une habileté et une régularité des plus remarquables, en dehors de tout procédé mécanique; les formes des objets sont aussi très-étudiées et artistiques, les tailles riches et d'un poli très-vif; quant aux gravures, elles sont bien supérieures, sous tous les rapports, à celles si vantées d'Allemagne ou de Bohême.

Les Anglais font supporter à la gobeleterie de luxe des frais généraux dont se trouve dégrévée pour autant la gobeleterie commune, composée, comme nous l'avons dit, de pièces de choix inférieur ou de couleur défectueuse; aussi le prix de leurs cristaux est-il de deux cinquièmes environ plus élevé que celui des mêmes objets fabriqués en France.

Verre à vitre. — La plus grande fabrique de verre à vitre du monde entier est celle des frères Chance, à Birmingham. On y fait annuellement 2 millions de mètres carrés de vitres bien étendues, mais d'une teinte plus verte que celle des verres fabriqués sur le continent.

Glaces. — Les glaces coulées que l'on obtient dans plusieurs usines anglaises sont très-inférieures en qualité à celles de France ou de Belgique. Les glaces soufflées minces en verre très-blanc, de MM. Chance, de Birmingham, servent pour les encadrements, les vitrages et la photographie. Enfin, on utilise comme verre de qualité inférieure les fonds de pots, qui donnent du *rolled plate glass* ou du *cast plate glass*, c'est-à-dire des glaces brutes coulées à la poche ou provenant du versage direct des creusets (1).

Bouteilles. — Les bouteilles anglaises sont de qualité égale à celles de France ou de Belgique; dans les verreries consacrées à ce genre de travail, on fait en même temps les articles de parfumerie et de pharmacie.

(1) Voir les Rapports du Jury international de l'Exposition universelle de 1867. — Tome III. Classe XVI. Verres et cristaux.

Moulure. — La fabrication du verre ou cristal moulé à la presse est très-importante en Angleterre et s'exerce principalement autour des charbonnages, notamment à Newcastle, où l'on trouve un excellent combustible à très-bas prix.

C'est dans les fabriques de moulure que l'on utilise la plus grande partie des groisils des autres usines. La fonte se produit dans les conditions de lenteur que nous avons indiquées plus haut et donne toujours un verre sinon exempt de coloration, du moins parfaitement fin.

Les produits sont d'un extrême bon marché, mais, par contre, très-peu soignés, et l'on peut dire que la marchandise est livrée à la consommation telle qu'elle sort du moule, sans autre préparation ni réparation d'aucune sorte.

Cette fabrication est de grand débit et présente une incontestable supériorité pour le prix de revient très-minime, qui ressort d'un outillage bien complet et de ressources d'exécution qu'on trouverait difficilement ailleurs, mais elle laisse néanmoins une large part aux verriers du continent qui se présentent sur les mêmes marchés que les Anglais avec des moulures bien plus variées comme forme et d'exécution plus difficile. Les cristalleries françaises, en particulier, sont parvenues à fabriquer couramment des objets aux formes artistiques, qu'on pourrait accepter comme pièces taillées, et qui créent à notre industrie, dans cette branche, une place unique sur le marché du monde.

STATISTIQUE (1).

On compte en Angleterre **232** verreries. Elles emploient des machines à vapeur dont la force totale est de **4 566** chevaux. Le nombre des ouvriers est de **19 063** hommes et **2 107** femmes. Dans ce chiffre sont compris **5 529** gamins de **13** à **18** ans.

Importation.

Verre à vitre	France	19,258 liv. st.
	Belgique	423,791
	Hollande	21,317
	Autres pays	944
	Total	465,120 liv. st.
Cristal ou demi-cristal	Allemagne	69,128 liv. st.
	Belgique	54,573
	France	11,872
	Hollande	13,993
	Autres pays	195
	Total	149,761 liv. st.

(1) *Annual Statement of the Trade of the United Kingdom with Foreign Countries and British Possessions for the Year* **1874**.

Glaces étamées ou non. . . .	Belgique.	108,741 liv. st.
	France.	59,702
	Hollande.	30,673
	Autres pays.	893
	Total.	200,009 liv. st.
Autres verres non dénommés.	Allemagne.	237,499 liv. st.
	Hollande.	25,076
	Belgique.	292,652
	France.	204,354
	Italie.	6,976
	Autres pays.	5,966
	Total.	772,523 liv. st.

Total général de l'importation : **1,587,413** liv. st.

Exportation.

Miroirs et glaces brutes :
1,411,268 pouces carrés d'une valeur de **215,605** liv. st.
Cristal uni, taillé ou ornementé, y compris les flacons, les fioles et la moulure :
101,762 quintaux anglais d'une valeur de **303,487** liv. st.
Bouteilles communes :
890,822 quintaux anglais d'une valeur de **463,626** liv. st.
Autres marchandises en verre non dénommées :
121,669 quintaux anglais d'une valeur de **200,797** liv. st.
Total général de l'exportation : **1,183,515** liv. st.

Les verres de toute espèce entrent en Angleterre en franchise de droits.

Autriche.

Favorisée tout particulièrement par l'abondance de ses forêts, la richesse de ses mines de houille, de lignite et de tourbe, la qualité de ses calcaires, et surtout l'excellence de son quartz incomparable, l'Autriche a su garder pendant longtemps une réputation universelle de supériorité dans l'art de la verrerie. Aujourd'hui, bien que ne brillant plus à la première place, elle occupe encore un rang des plus honorables parmi les pays producteurs de verre, car à tous les avantages que nous venons d'énumérer, elle joint celui de l'extrême bon marché de la main-d'œuvre, qui lui permet de livrer, à des prix très-bas, une foule de marchandises dont la moitié passe la frontière et se répand dans les deux Mondes.

A une époque où les moyens de communication étaient encore très-peu développés, on se faisait une haute idée des produits de la Bohême, comme de tout ce qui vient de loin : on n'en possédait en France que de rares échantillons achetés à Prague, à

Francfort ou à Bade, et introduits, non sans difficulté, malgré la prohibition. C'est d'après ces spécimens, particulièrement soignés et qui, en réalité, n'étaient que des exceptions, que l'on jugeait la moyenne de la production de ce pays ; aussi, lors de l'enquête sur les traités de commerce, rencontra-t-on parmi les verriers de toutes catégories, une opposition très-accentuée. Le gouvernement n'en tint pas compte, et la suppression des barrières douanières ne tarda pas à amener un de ces revirements d'opinion dont l'industrie verrière ne fut pas la seule à fournir l'exemple : du jour où les verres de Bohême cessèrent d'être une rareté, on ne s'en occupa plus. La vogue passa, et la verrerie de Bohême, mieux connue, fut appréciée, dans son ensemble, à sa juste valeur.

Inversement, — grâce au développement des voies ferrées, non moins qu'au libre échange, — les produits français et anglais se répandirent partout, même en Autriche, et les fabricants de ce pays sentirent la nécessité de faire de grands efforts pour conserver leur place sur le marché du monde.

Si plusieurs de leurs tentatives ont échoué, d'autres ont plus ou moins réussi : nous examinerons donc séparément chaque catégorie, mettant à profit quelques documents particuliers, ainsi que les rapports officiels et autres, publiés à l'occasion de l'Exposition de Vienne, en 1873 (1).

Glaces coulées.

Au siècle dernier, on fabriquait déjà des glaces coulées à la glacerie impériale de Neuhaus, fondée en 1700, près de Fahrafeld, dans les environs de Pottensheim (Basse-Autriche). — Les glaces de grandes dimensions étant alors fort rares, les produits de cette fabrique jouirent, malgré leurs défauts, d'une certaine réputation. Le manque d'eau, à certains moments, dans les polisseries, et les dépenses d'entretien, furent cause, qu'en 1831, on transféra l'établissement à Schlögelmühl, près Gloggnitz (Basse-Autriche) ; mais il n'y prospéra guère, et fût supprimé définitivement en 1840.

D'autres fabriques de glaces coulées, établies en Bohême à divers époques, furent également impuissantes à combattre la concurrence étrangère.

Aujourd'hui, l'établissement de MM. André Ziegler fils, fondé en 1869, à Stankau, près Bischofteinitz (Bohême), et chauffé au gaz de houille, avec fours du système Siemens, se trouve, paraît-il, en voie de prospérité.

---

(1) L. Lobmeyr. — *Die Glas Industrie, ihre Geschichte, gegenwärtige Entwickelung und Statistik.* — Le travail statistique du capitaine Wendelin Boeheim, auquel nous faisons plusieurs emprunts, a été publié dans cet ouvrage.

Dr Hallwich. — *Die Kunstindustrie auf der Weltausstellung in Wien* 1873.

Léon Mondron. — *Documents et Rapports des jurés et délégués belges :* IXe groupe, *Industrie de la verrerie.*

Victor de Luynes. — *Exposition universelle de Vienne en* 1873. — *Rapport sur la céramique et la verrerie.*

Glaces soufflées.

Le bon marché des glaces coulées a beaucoup restreint cette industrie, qui n'est plus exercée qu'en Bohême et dans un seul établissement de Bavière, à Lobich. Les glaces soufflées que l'on fait en verre blanc et mi-blanc, sont plus minces, et les petites meilleur marché que celles obtenues par le procédé du coulage : on en vend beaucoup en Autriche, où elles sont l'objet d'un important commerce d'exportation, dirigé vers les Principautés danubiennes et le Levant; en outre, la Bohême expédie chaque année, en Bavière, 70 à 80 mille quintaux de glaces soufflées brutes.

Verre à vitre.

En Autriche, le bon marché étant une condition essentielle pour la vente du verre à vitre, les fabricants s'attachent beaucoup plus à réduire le prix de revient de leurs marchandises, qu'à améliorer leur qualité. Les verres à vitre d'Autriche, sont presque toujours trop minces et gondolés. Pourtant, dans quelques usines, on en fait de très-blancs et de très-limpides.

Bouteilles.

On consomme chaque année, en Autriche, une énorme quantité de bouteilles. La fabrication d'un article aussi important, dans un pays riche en vins et en eaux minérales, n'a pas atteint jusqu'ici un bien haut degré de perfection. La bonne moitié des bouteilles fabriquées en Styrie, en Hongrie, en Moravie et même en Bohême. laisse beaucoup à désirer; leur verre est trop mince, leur forme même est vicieuse.

Une des verreries à bouteilles les mieux installées, est celle d'Aussig, sur l'Elbe : on y fond la matière dans des fours bâtis sur le modèle des «Wanneöfen» de Siemens, et depuis trois ans que cet établissement est en activité, il n'a cessé d'accroître sa production.

Gobeleterie commune.

Le verre de gobeleterie commune est désigné, en Autriche, sous le nom de «Kreidenglas» ; sa production est une des branches de la verrerie les moins rémunératrices pour le fabricant, car le prix des objets est beaucoup trop bas, eu égard à la cherté du combustible.

En Bohême, où la beauté du quartz demande un meilleur emploi, on fait beaucoup moins de verre commun que dans la Basse-Autriche, la Styrie et la Hongrie.

Bien que ce verre soit réservé pour la consommation intérieure, la Hongrie en exporte quelque peu sur les Principautés danubiennes, la Serbie et la Turquie.

Demi-cristal. — Gobeleterie fine.

Le demi-cristal d'Autriche est remarquable par sa blancheur et sa transparence. Il doit ses qualités aux matières premières dont on se sert pour sa fabrication, et notamment au quartz, qui fournit l'élément siliceux dans son plus grand état de pureté.

La gobeleterie fine en demi-cristal est façonnée dans des moules de bois, dont l'avantage est de conserver tout leur éclat aux surfaces travaillées. Malheureusement, ces moules se détériorent assez vite, les formes s'altèrent progressivement, et les objets n'étant plus semblables entre eux, ne peuvent s'appareiller. C'est là un inconvénient grave qu'on a su éviter ailleurs par l'emploi des moules en fer.

Les verres à boire, choppes, et autres objets qui constituent la gobeleterie commune, sont généralement bien exécutés et d'une *finesse* de verre que la comparaison, avec les objets analogues des autres pays, fait ressortir encore davantage. Nulle part, en effet, les verres d'usage domestique ne sont aussi limpides et aussi beaux. La supériorité de l'Autriche, pour ce genre de fabrication, est incontestable.

Appareils de laboratoire. — Goulotterie.

Le verre de Bohême, dur et peu altérable, se prête mieux que tout autre aux opérations usuelles de la chimie ; mais les objets tels que les pipettes, cornues, tubes à boules, dont se servent les chimistes, sont fabriqués en Autriche avec beaucoup moins d'entente et de précision que partout ailleurs.

On peut adresser le même reproche aux verriers autrichiens, pour tout ce qui concerne la goulotterie. Les bouchons, mal ajustés, ferment mal, et les goulots d'une même série de fioles, sont tous de diamètres différents. On apporte très-peu de soins à ce travail de fermeture, qu'on regarde comme accessoire, et pour lequel on ne dresse pas d'ouvriers spéciaux, comme en France et en Angleterre, où la précision du goulottage est souvent telle qu'on peut indistinctement échanger les bouchons d'un même groupe de flacons.

Moulure.

Moulure à la presse. — Cette fabrication est limitée par la nature du verre de Bohême, peu propre à ce genre de travail ; aussi, bien qu'on en rencontre çà et là quelques échantillons, ils sont de si minime importance, dans la masse des produits de ce genre français et anglais qui abonde de toutes parts, qu'on peut presque dire, — en se plaçant au point de vue commercial, — que la *moulure allemande n'existe pas.*

Moulure soufflée. — Quelques articles en moulure soufflée, fabriqués dans la Basse-Hongrie, sont l'objet d'un petit commerce local exercé principalement par des colporteurs slovaques.

Moulure en ronde-bosse. — On fait en Bohême des sujets de ronde-bosse dépolis (Christs, statuettes, formes d'animaux, etc.), mais cette fabrication, comme la précédente, est sans importance.

Lustrerie.

On fabrique en Autriche beaucoup de lustres sur le modèle de ceux que l'on faisait il y a un ou plusieurs siècles, et que l'on rencontre encore çà et là dans les vieux châteaux; la moulure de ceux-ci est en fer étamé, et les bras entièrement garnis de tubes en verre aplatis; tout autour sont suspendues de larges pendeloques taillées à facettes ou simplement moulées.

Les lustres modernes sont construits d'une autre façon, car on cherche à y placer au moins six fois plus de bougies que dans les anciens, aussi faut-il faire subir à la couronne, diverses modifications qui ne concourent pas toujours à l'avantage de la forme.

On s'occupe de ce qui a trait à la lustrerie, dans presque tous les districts de la Bohême et aussi en Moravie.

Les lustres de Bohême sont expédiés en Amérique et même en Angleterre, où le prix des objets similaires, notablement plus élevé, laisse libre champ à la concurrence.

Cristal. — Gobeleterie de luxe.

Ici nous sommes en présence d'une organisation toute spéciale, n'ayant rien de correspondant dans les autres pays, et caractérisée par la répartition du travail dans une foule de petits établissements qui s'alimententent les uns les autres.

Presque partout ailleurs, une même administration a la haute main sur tous les services, depuis celui des matières premières jusqu'à la maison de vente; en Autriche, il n'en est point ainsi, du moins en général, et tous les ateliers qui sont en dehors des fours, forment autant d'entreprises particulières appelées *Raffineries,* dont les chefs sont indépendants, et opèrent chacun pour leur propre compte.

On peut partager les verreries de Bohême en trois classes : dans un très-grand nombre d'entre elles, on ne fait que du *brut*, la marchandise soufflée ou moulée, suivant la commande, est livrée au *raffineur*, telle qu'elle sort de la main du verrier; dans d'autres, en non moins grand nombre, on flette ou on taille grosso-modo, une partie des produits fabriqués, l'autre part est pour la *Raffinerie;* enfin, dans certaines verreries, on se passe de cet intermédiaire, et chaque objet ne sort de l'usine qu'entièrement achevé. Cette dernière catégorie est la moins nombreuse, et très-peu importante, proportionnellement aux deux autres.

Les établissements spéciaux, appelés «Druckhütten», dont on parle plus loin, se classent entre les verreries, proprement dites, et les *Raffineries.*

C'est dans les environs de Steinschönau et de Haïda, que sont situées les principales entreprises, où l'on s'occupe de l'ornementation des verres de luxe. Dans la première moitié du quinzième siècle, il existait déjà des verreries dans ces districts; leur nombre s'accrut plus tard, et l'on construisit tout autour des fabriques, des ateliers pour la taille, la gravure et la décoration, qui, dans le principe, ne faisaient qu'un avec elles, et appartenaient aux mêmes propriétaires.

Mais avec le temps, le bois devenant plus rare sur les collines, les verreries durent s'enfoncer plus profondément dans la montagne, tandis que les *raffineries* restaient en arrière, dans des lieux plus accessibles ; ce qui, d'une part, facilitait les relations commerciales, et de l'autre, permettait aux ouvriers de se livrer, comme occupation accessoire, à la culture des terres et à l'élève du bétail. Le débit des marchandises allant en croissant, on construisit de nouveaux moulins, pour la taille, et de nouveaux ateliers de décors : dès-lors, chacun d'eux poursuivit une direction fixe dans une production déterminée, et c'est ainsi que s'accomplit la séparation de deux branches d'une même industrie, que nous voyons, aujourd'hui, indépendantes l'une de l'autre, dans presque toute la Bohême.

Les *raffineurs* exerçent un rôle prépondérant sur le développement du commerce et de l'industrie verrière, en Autriche. Comme ces marchands qui parcourent les campagnes, récoltant, dans chaque ferme, une ou plusieurs espèces des denrées qu'on y produit, leurs agents s'approvisionnent un peu partout, et achètent, dans une foule de petits établissements, de la marchandise brute qui, après avoir été triée et classée dans les dépôts, est dirigée vers les ateliers de taille, de gravure, ou de décoration.

Chaque *raffineur* à sa clientèle particulière d'exportation, sur laquelle il règle son mode de travail, et les verreries n'opèrent guère que selon ses commandes, et suivant ses besoins. On conçoit que, dans ses conditions, l'influence des *raffineurs* soit considérable sur tous les établissements où l'on fond le verre ; elle est pourtant limitée par des nécessités locales, qui sont la raison même de l'existence de ces entreprises. Il y a en Bohême une forte population verrière qui demande à produire beaucoup, et produit à bon compte ; mais là, comme partout ailleurs, les ouvriers, vraiment habiles, sont en infime minorité. Pour un objet bien exécuté, il y en a tant de peu réussis, que le *raffineur* est condamné, par là même, à faire, pour la décoration, le moins de frais possible. Le débit de ces produits, à très-bas prix, s'obtenant facilement, et par grands stocks, on songe peu à sortir de cette voie, qui est celle du médiocre et du vulgaire ; la tendance de ces dernières années, au contraire, a toujours été d'augmenter la production des articles à décors faciles, et le prix de la main-d'œuvre s'est élevé notablement, car les tailleurs, abandonnant le travail fatigant et peu rémunérateur de la meule, se sont rabattus en grande masse sur celui plus commode et mieux payé du dépolissage et de la peinture commune, en sorte qu'aujourd'hui, non-seulement les bons tailleurs sont rares, mais les exigences de tous ceux qui sont restés fidèles à leur ancien métier croissent de plus en plus.

Pour donner idée de la quantité de ces objets de fantaisie que l'on fabrique en Autriche, à très-bas prix, en vue de l'exportation, nous citerons une des spécialités, celle des *verres d'argent*.

Ces verres sont à double enveloppe, avec argenture intérieure ; ils brillent comme de l'or, quand on les peint en jaune, et sont généralement ornés de décors mats ou de perles émaillées. Pour cette seule fabrication, suivant le rapport du docteur Hallwich, un *raffineur* de Haïda, n'occupe pas moins de 200 ouvriers ; en 1872, il produisit de ces verres pour une valeur de 165 000 florins (412 500 fr.), presque tout a été dirigé vers l'Angleterre, l'Amérique et l'Australie.

C'est également en Angleterre et en Amérique, qu'on exporte la plus grande quantité des services de table, en verre fin ou mi-fin, enrichis par la taille ou la gravure. Les verres de couleur sont aussi l'objet d'un commerce très-important sur le marché de Leipzig.

Le gouvernement autrichien ne cesse d'encourager, par tous les moyens possibles, l'industrie des populations de la Bohême. Des musées, où sont exposées les meilleures formes et les plus beaux modèles, ont été ouverts en divers lieux ; des cours de dessin et une école pratique, aujourd'hui très-prospère, ont été fondés à Steinshönau, en 1857, sous les auspices du ministère du commerce ; tout récemment encore, on inaugurait un nouveau musée, à Stubenring. Une bonne part des progrès réalisés doit être attribuée à cette sollicitude et à ce patronage.

D'après la monographie du docteur Hallwich, il y avait, à l'époque de l'exposition de Vienne, dans les districts sus-mentionnées, 2 382 ateliers de *raffinage*, groupés autour de 30 centres, villes ou villages, et subsistant, chacun, à l'état indépendant. On comptait, en outre, 8 200 ouvriers, travaillant en chambre, et en dehors de tout service direct. La valeur de la production annuelle de ces *raffineries*, était estimée à 16 millions de florins (40 millions de francs).

La population de ces districts est, non-seulement, laborieuse et économe, mais aussi très-entreprenante.

Les moindres ouvriers, pour peu qu'ils soient habiles et avisés, n'hésitent point à faire du commerce et de l'industrie, pour leur propre compte ; ils inventent et créent des formes, mais plus souvent, copient les nouveautés du dedans et du dehors, car les tentatives isolées, faites par eux, dans un sens autre que celui de l'imitation, ont rarement du succès, par suite de leur manque absolu de connaissances premières.

A côté de cette fabrication, en grande masse et à bas prix, qui constitue, à proprement parler, l'industrie de la Bohême, il convient d'en mentionner une autre plus restreinte, mais dans laquelle on recherche, avant tout, la perfection de la forme et le fini de l'exécution.

Entre toutes les verreries de l'empire austro-hongrois, celles de la firme Meyr neveu, se sont fait remarquer, à Vienne, par leur brillante exhibition, en services de table, à tailles riches. Nous citerons le service commandé par S. M. l'empereur François-Joseph, et un autre, en cristal mince, d'un travail gracieux et délicat, dont la composition était due à des artistes de mérite, et la gravure extrêmement finie.

Mais, nous ne saurions trop le répéter, ce ne sont là que des tentatives isolées, dues à l'initiative de quelques marchands, et constituant, dans l'espèce, de véritables exceptions. Le plus grand nombre des raffineurs se trouve entraîné, comme nous l'avons vu, dans une voie toute différente.

Les verriers autrichiens s'étonnent qu'en France et en Angleterre les pièces soient appareillées avec autant d'exactitude, non-seulement dans une même livraison, mais parfois à des intervalles de plusieurs années; ils attribuent cet avantage aux moules de fer dont on se sert dans ces pays, tandis qu'en Autriche on n'use guère que de moules en bois. Cette raison n'est pas la seule : pendant longtemps, on a travaillé, en France, avec des moules de bois ; aujourd'hui encore, on les emploie lorsqu'on n'a à exécuter qu'un petit nombre de répétitions du même type ; pourtant, les objets sont et ont toujours été bien appareillés. Les verres de Bohême, au contraire, qu'ils soient moulés ou non, s'assortissent difficilement : les axes sont déviés, les pièces ne sont pas de *hauteur*, ou bien les galbes d'une même série varient d'un verre à l'autre; bref, pour la régularité du travail, l'Autriche en est encore au même point qu'en 1845, époque à laquelle le rapporteur de l'Exposition, s'exprimait ainsi :

«Il faut reconnaître que les Bohêmes semblent regarder comme choses indifférentes, la symétrie et la parité des objets. On trouve difficilement, dans leurs magasins, un service de table composé de pièces bien assorties. A l'Exposition même, tel verre avait un axe trop grand ou posé de travers, tel verre clochait par la jambe; beaucoup de pièces, décorées à grands frais, n'auraient été acceptées chez nous, que comme pièces de rebut (1)».

Il en sera toujours de même, tant qu'on n'en arrivera pas à refuser, sans retour, toute pièce de fabrication défectueuse, tâche que l'organisation verrière, en Autriche, rend assez difficile.

Cette organisation, à côté de ses inconvénients, a pourtant des avantages qu'on ne saurait méconnaître, lorsqu'il s'agit de décorer les produits : la diversité des opérateurs, permet, à chacun d'eux, de faire exécuter les motifs d'ornementation, dans le sens qui lui est le plus familier, et de travailler à loisir, sans crainte d'être absorbé par d'autres détails du service. De là, une grande variété dans les objets, qui rend leur écoulement facile.

Tailles et gravures. — Les tailles courantes se font, en Bohême, à très-bas prix, mais elles sont peu soignées. Il en est de même des gravures à la roue. Quant aux procédés de morsure à l'acide fluorhydrique, dont les cristalleries françaises ont su tirer tant de ressources variées, ils sont encore, en Autriche, à l'état d'enfance.

---

(1) Eug. Peligot. *Rapport adressé à MM. les membres de la Chambre de commerce de Paris sur l'Exposition de l'industrie autrichienne ouverte à Vienne, le 16 mai 1845.* Ce rapport, où ont été publiés pour la première fois les procédés de fabrication du verre usité en Bohême a servi de thème et de guide à tous les écrivains qui, depuis cette époque, se sont occupés de la question. Les jugements que l'auteur portait en 1845 sont encore vrais aujourd'hui : la physionomie générale de l'industrie verrière en ce pays est restée la même.

Verres colorés. Inventions. — Les verriers de Bohême ont été renommés, de tout temps, et à juste titre, pour leur habileté dans l'art de teindre les cristaux, soit en masse, soit en doublé; les verriers étrangers sont, depuis longtemps, parvenus à reproduire toutes ces couleurs, mais en cela — comme pour la méthode de travail sans empontillage, — l'initiative est venue de Bohême, et l'on doit convenir que ce pays a été l'un des plus fécond en inventions, dans l'art de la verrerie.

Verroteries. — Imitations de bijoux. — Petits articles de fantaisie, etc.

Ce sont-là autant de spécialités qui ont acquis une grande importance au nord de la Bohême, dans les districts de Gablontz, Tannwald et Morchestern, et que l'on désigne sous le nom collectif de «Glaskurzwaaren-Industrie».

Pour ce qui les concerne, nous empruntons à la brochure du docteur Hallwich, les renseignements statistiques suivants :

« Dans les districts sus-nommés, on compte, comme spécialement affectés à ces travaux :

« 9 verreries, dont plusieurs sont déjà installées avec four à gaz.

« 67 *Glascompositions-Hütten*».

[Les *Glascompositions-Hütten* sont de petits établissements qui n'ont qu'un four avec six, parfois deux, souvent même un seul creuset, lequel, pour plus de précautions, pendant la fonte, est à moitié plongé dans un lit de cendres, contenu dans un plus grand pot. On y fait des barres pour les « *Druckhütten,* » et des tubes pour les souffleurs de verre.]

« 250 *Druckhütten.* »

[Les « Druckhütten, » appelées aussi « Quetschen, » sont des établissements encore plus petits. Ils n'ont, généralement, qu'un four avec un ouvreau, où les barres massives, en verre blanc ou coloré, fournies par les Glascompositions-Hütten, sont réchauffées peu à peu jusqu'au ramollissement, et moulées à la main, à l'aide d'espèces de tenailles qui ressemblent à des moules à balle.]

« Plus de 400 tailleries mues par des moulins à eau.

« Plusieurs milliers de petites tailleries, où les meules sont actionnées par le pied de l'ouvrier, et dans lesquelles on travaille de petits objets : pommeaux, boutons, perles, etc.

« 160 fabriques de verre filé.

« 250 ateliers de montage.

« 120 ateliers de peinture pour perles, imitations de fruits, etc.

« 180 maisons de commerce, dont plusieurs ont une importance considérable, et expédient leurs marchandises sur toute la surface du globe.

« 10 000 ouvriers, au moins, sont occupés aux seuls travaux de cette fabrication, qui alimente environ 30 000 hommes.

« La valeur des produits fabriqués est estimée, approximativement, à 3 millions de florins (7 500 000 fr.). »

Si l'on considère que cette industrie est pratiquée jusque dans les vallées les plus reculées, et que sans elle, une nombreuse population n'aurait que des moyens d'existence très-limités, on comprend facilement que le gouvernement autrichien n'ait jamais négligé d'y apporter toutes sortes d'encouragements.

En 1870, le ministère du commerce a fondé, à Gablontz, une école pratique et y a joint, en 1872, un enseignement spécial de chimie. On s'occupe, en ce moment, de la création, dans le même district, d'une seconde école, à laquelle est déjà attaché un maître fileur de verre, d'une grande habileté.

Les principaux produits du cercle de Gablontz, sont :

La lustrerie, les prismes, les pendeloques, etc.

Les articles de fantaisie, tels que les presse-papier ; les petits flacons, etc.

Toutes espèces de cristaux colorés simples ou en pâte de riz.

Une grande quantité d'objets de parure, tels que : broches, perles, boutons, épingles, imitations de pierres fines, etc.

Enfin des verres filés.

Le bon marché de ces produits, est véritablement surprenant et défie toute concurrence.

En résumé, l'Autriche lutte, avec avantage, toutes les fois qu'il s'agit d'articles à bas prix, et que les conditions de transport lui permettent l'accès des marchés ; mais pour la gobeleterie de luxe, les pièces de fantaisie simples ou montés en bronze, et en général, tout ce qui réclame une exécution achevée, elle est distancée de beaucoup par la France et l'Angleterre, et ses produits sont loin d'atteindre au degré de perfection qui distingue ceux de ces deux pays.

Hongrie.

La fabrication du verre, en Hongrie, est entravée par la cherté du combustible et la difficulté des communications. On y compte, néanmoins, 90 fours à verre, dont 10 seulement sont affectés au travail de la gobeleterie.

Le nombre des ouvriers est d'environ 3 000, dont 600 tailleurs.

La valeur de la production est de 1 500 000 florins ; celle de l'exportation, — dirigée principalement vers les provinces danubiennes, — atteint à peine, chaque année, 200 000 florins.

STATISTIQUE.

D'après le rapport de M. Peligot, l'exportation de la verrerie autrichienne, a été, en 1843, de 124 585 quintaux, représentant une valeur de 5 706 103 florins (1).

(1) Le quintal d'Autriche vaut 56 kilogr. et le florin 2 fr. 50.

L'importation, dans la même année, n'était que de 219 quintaux.

La fabrication du verre se trouvait alors disséminée, en Autriche, dans 350 établissements (dont 40 en Vénétie). La valeur des produits était estimée à 45 millions de francs.

Depuis, ces chiffres n'ont fait que s'accroître.

Le rapport officiel de l'Autriche sur l'Exposition universelle de Londres, en 1862, donnait les renseignements suivants :

« Toutes les diverses branches de la production du verre, sont représentées en Au-
« triche. Il faut en excepter, cependant, le *flint-glass* et le *crown-glass*.

« Une plus grande extension a été donnée à l'emploi de la houille et du lignite ;
« 203 verreries, comprenant 2 000 creusets, produisent annuellement 650 000 quin-
« taux de verre brut de toute espèce ; 60 000 ouvriers sont employés à la production et
« au raffinage du verre brut ; le total annuel de la production des verres de toute
« espèce s'élève, sur place, à 18 375 000 florins. Ce qui donne une renommée ex-
« traordinaire à l'industrie verrière autrichienne, c'est que, non-seulement elle satis-
« fait aux besoins de l'intérieur, mais qu'elle participe presque au tiers de sa produc-
« tion à l'exportation.

« En 1860, on exporta 210 532 quintaux de verre, dont 114 192 quintaux de mar-
« chandises *raffinées ;* eu égard à ce chiffre, l'importation était insignifiante, car elle
« ne s'éleva, la même année, qu'à 6 520 quintaux. »

Aujourd'hui, les chiffres d'importation et d'exportation, sont plus élevés :

D'après la statistique du ministère du commerce,

Il a été importé, en 1873, sur le territoire de l'Autriche-Hongrie, 148 115 quintaux de verre, représentant une valeur de 3 035 852 florins.

Il a été exporté, dans la même année, un poids de 428 267 quintaux de verre, représentant une valeur de 15 222 662 florins.

STATISTIQUE DE L'AUTRICHE-HONGRIE POUR L'ANNÉE 1874 (1).

Exportation.

Verre le plus commun	70,068 quintaux.
Verre commun	146,425
Verre moyennement fin	164,270
Verre coloré, doré ou peint	102,313
Vitrifications, imitations de pierres fines	587
Glaces au-dessous de 284 pouces carrés de sup.	67
Glaces au-dessus de 284 pouces carrés de sup.	638
Tous autres articles	5,962
Total	490,530 quintaux.

d'une valeur de 16,569,860 florins d'Autriche.

(1) *Uebersicht der Waaren. — Ein- und Ausfuhr des Allgemeinen östreichisch-ungarischen Zollgebietes und Dalmatiens im Jahre 1874.*

Importation.

Verre le plus commun	67,053	quintaux.
Verre commun	51,422	
Verre mi-fin, moulures, etc.	6,241	
Verre fin, cristaux, etc.	766	
Glaces brutes	900	
Glaces polies et étamées	2,811	
Emaux	600	
Autres espèces non dénommées	2,324	
Total	132,117	quintaux.

valant 2,836,704 florins.

Il convient d'ajouter au total de l'importation la somme de 169,243 florins, montant des objets déclarés à la valeur.

DROITS D'ENTRÉE DES VERRES DANS L'EMPIRE AUSTRO-HONGROIS.

	Bases.	Droits. fr. c.
Verres et cristaux.		
Verre en pièces creuses, de couleur naturelle, vert, noir et jaune, non moulé, non taillé, non dépoli	»	exempt.
Verre à vitres et en feuilles ou disques de couleur naturelle, vert, mi-blanc et blanc. Verre blanc en pièces creuses, uni, non taillé, non dépoli, non moulé ou taillé, ou poli seulement au bouchon, au pied et au bord	100 kilog.	5 »
Verre blanc, massif, moulé, taillé, dépoli, gravé à dessins	100 kilog. ou valeur	20 » ou 10 %
Verre en pièces creuses, pour globes de lampes, abat-jour, etc., dépoli à l'intérieur, mais sans ornements	100 kilog.	5 »
Verres et verreries de couleur, peints, dorés, argentés, avec incrustations de camées	100 kilog. ou valeur.	30 » ou 10 %
Verreries et ouvrages en émail de toute sorte, combinés avec d'autres matières, en tant que par le fait de la combinaison, ils ne rentrent pas dans la *quincaillerie* ou la *bimbeloterie fine*	100 kilog.	
Glaces.		
Brutes non polies	100 kilog.	3 75

	Bases.	fr. c. Droits.
Non polies, étamées, excédant par pièce 284 pouces carrés de Vienne (0m,9.197)	100 kilog. ou valeur.	30 » ou 10 °/o
Polies, étamées ou non étamées. Encadrées (miroirs)	100 kilog.	30 »

Vitrifications.

En masses	100 kilog. ou valeur.	3 75 ou 10 °/o
Ouvrées en pierres fausses, non montées	100 kilog. ou valeur.	30 » ou 10 °/o
Verre et émail en tubes, baguettes ou plaques, sans distinction de couleur, pour la fabrication des perles artificielles, des ouvrages à la lampe d'émailleur et des boutons	100 kilog. ou valeur.	3 75 ou 10 °/o
Pendeloques de lustre, boutons de verre, perles de verre, émail de verre, larmes bataviques, corail de verre, coloriés ou non, moulés ou taillés	100 kilog. ou valeur.	5 » ou 10 °/o

Belgique.

La Belgique possède 68 verreries, ayant ensemble 239 fours et 1 690 pots. Ces établissements, qui occupent plus de 12 000 ouvriers, et produisent annuellement pour une valeur de 70 millions de francs, sont ainsi répartis dans les diverses catégories :

A. *Verre à vitre.*

Cette fabrication, la plus importante de toutes, est entre les mains de 51 sociétés, possédant 197 fours et 1 270 pots.

La production annuelle est d'environ 21 millions de mètres carrés, d'un poids total de 120 000 000 de kilog., et d'une valeur estimée à 40 millions de francs.

En 1873, par suite de demandes exceptionnelles, la production a atteint le chiffre de 50 millions de francs.

B. *Gobeleterie. — Cristal.*

On compte 6 établissements :

La compagnie anonyme des cristalleries et verreries namuroises, à Namur (6 fours, — 80 pots, — production annuelle : 2 500 000 fr.),

Et la verrerie du Val Saint-Lambert (7 fours, — 82 pots, — production annuelle : 3 000 000 fr.), sont les plus importants.

La valeur de la production totale, dans cette branche, est estimée à 8 000 000 fr.

C. *Bouteilles.*

11 verreries, (14 fours, — 82 pots), s'occupent de la fabrication des bouteilles. La production annuelle est de 900 000 bouteilles par four, en moyenne, soit en tout, un peu plus de 12 millions de pièces.

La valeur de cette production est de 2 millions de francs.

D. *Glaces.*

La fabrication des glaces, bien que n'étant pas très-ancienne en Belgique, commence à y acquérir une assez grande importance. L'établissement de Sainte-Marie d'Oignies et celui de Floresse, produisent, chacun, pour une valeur annuelle de 2 500 000 francs ; deux autres établissements fondés, l'un, en 1869, à Roux ; l'autre, en 1870, à Courcelles, fabriquent chacun, pour une valeur de 1 million de francs.

En Belgique le verre est, avant tout, une marchandise d'exportation. Ce genre de commerce est soumis à de nombreuses fluctuations, et la production est loin d'être toujours en rapport avec les besoins de la consommation générale. Ainsi, sur 185 fours qui existaient en 1872, 48 ont été éteints dans le courant de l'année 1873. On estime que tout four éteint, cause une perte sèche de 2 000 francs par mois, et grève d'autant le revenu de ceux qui restent en feu.

Pour le verre à vitre, le chiffre de l'exportation est très-variable. En 1869, il était de 45 millions de kilog.; en 1871, il n'a plus atteint que 28 millions. Le chiffre d'exportation des glaces s'est, au contraire, élevé de beaucoup. Les glaces belges font aujourd'hui une sérieuse concurrence à celles de France, sur les marchés étrangers.

STATISTIQUE (1).

Importation.

Groisil	6,505 fr.
Glaces	47,436
Verre à vitre	57,433
Bouteilles	126,602
Verrerie ordinaire	580,392
Verrerie fine	335,958
Total	1,154,326 fr.

(1) *Statistique de la Belgique. — Tableau général du commerce avec les pays étrangers pendant l'année* 1874. *Publié par le ministre des finances. — Octobre* 1875.

Exportation.

Groisil	107,319 fr.
Glaces	3,492,138
Verre à vitre	32,259,732
Bouteilles	244,632
Verrerie ordinaire	1,129,121
Verrerie fine	2,180,617
Total	39,413,549 fr.

Ces chiffres se décomposent ainsi suivant les régions :

Glaces	Russie	285,255 fr.
	Pays-Bas	1,342,824 (1)
	Angleterre	681,223
	États-Unis	470,300
	Autres pays	712,536
	Total	3,492,138 fr.
Groisil		107,319 fr.
Verre à vitre	Prusse	2,177,702 fr.
	Hambourg	1,567,160
	Pays-Bas	2,164,372
	Angleterre	10,154,384
	Turquie	1,646,680
	États-Unis	7,043,296
	Possessions angl. en Amérique	2,166,436
	Autres pays	5,339,702
	Total	32,259,732 fr.
Bouteilles et verrerie commune	Angleterre	157,330 fr.
	Autres pays	87,302
	Total	244,632 fr.
Verres et cristaux unis	Angleterre	167,123 fr.
	Pays-Bas	252,034
	Chili	117,555
	Autres pays	592,409
	Total	1,129,121 fr.

(1) Il est vraisemblable qu'une partie des glaces expédiées de Belgique aux Pays-Bas vont en Angleterre. — Voir la *Statistique de l'Angleterre*.

Verres et cristaux taillés et décorés	Prusse	202,790 fr.
	Pays-Bas	665,887
	Angleterre	1,196,327
	Autres pays	115,613
	Total	2,180,617 fr.

DROITS D'ENTRÉE DES VERRES EN BELGIQUE.

Verres et cristaux.

	Bases.	Droits. fr. c.
Verrerie commune	100 kilog.	1 »
Autres glaces et verres de vitrage	valeur.	10 °/₀
Verre cassé ou groisil	»	exempt.
Vitrifications et émaux	valeur.	10 °/₀

Danemark.

Il y a en Danemarck quatre verreries établies à Kastrup, Godthaab, Holmegaard et Aalborg.

Trois de ces verreries travaillent avec des fours Siemens; la plus considérable emploie la tourbe comme combustible, les autres brûlent des charbons anglais.

On ne fait, en Danemarck, ni cristal, ni verre à glace.

On compte en tout 700 ouvriers, dont 178 seulement sont des verriers proprement dits.

La valeur de la production, en 1873, était de 340 000 reichsthalers danois (1).

STATISTIQUE (2).

Importation.

Verre à vitre et glaces brutes	4,483,439 livres.
Glaces polies non étamées jusqu'à 800 pouces carrés	27,086
Id. id. de 800 à 1,800 pouces carrés	30,064
Id. id. au-dessus de 1,800 pouces carrés	69,631
Miroirs et glaces étamées jusqu'à 800 pouces carrés	92,202
Id. id. de 800 à 1,800 pouces carrés	23,266
Id. id. au-dessus de 1,800 pouces carrés	8,052
Montés avec des métaux	27,795
Autres espèces de verre non spécifiées	503,565
Total	5,265,100 livres (3).

(1) Le reichthaler danois vaut exactement 1 fr. 7/18.

(2) *Statistik Tabelværk. Tredie Række, tredirte Bind, indeholdende Tabeller over Kongeriget Danemarks. Vare-Indførsel samt skibsfart og brændvins-production i Aaret* 1874.

(3) La livre danoise vaut 500 grammes. 100 pouces carrés danois = 68,34 cent. carrés.

Exportation.

Verre à vitre	1,182,623 livres.
Tous autres verres montés avec des métaux	8,629
Total	1,191,252 livres.

Espagne.

Au commencement du siècle dernier, il existait en Catalogne, plusieurs «lieux fameux pour les belles verreries qu'on y fabriquait» (1) ; aujourd'hui on compte, en Espagne, vingt-trois verreries, mais on s'y occupe beaucoup moins de la fabrication des verres de luxe que de celle des bouteilles, des articles d'éclairage ou des verres à vitre. Ces établissements peuvent à peine satisfaire aux besoins de la consommation intérieure, et n'exportent que de très-petites quantités de verre aux îles Philippines ou dans les possessions espagnoles de l'Amérique ; dans trois d'entre eux, on fabrique du cristal ; quelques-uns sont chauffés au gaz de bois, avec fours du système Siemens ; la production annuelle, des plus importants, varie de 100 à 200 mille colonatos (2).

Les renseignements statistiques, sur l'importation et l'exportation du verre, aussi bien que de toute autre marchandise, font absolument défaut.

DROITS D'ENTRÉE DES VERRES EN ESPAGNE.

Verres et cristaux.	Bases.	Droits. fr.	c.
Verre creux (bouteilles, etc.) commun	100 kilog.	8	64
Cristal	Id.	48	60
Verre et glaces.			
En feuilles et en tables	Id.	18	80
Étamés et verres de lunettes, de montres	Id.	86	40
Vitrifications	Id.	8	64
Émail	Id.	8	10

France.

Depuis l'Exposition universelle de 1867, époque à laquelle d'importantes modifications venaient d'avoir lieu dans presque toutes les branches de notre industrie verrière, très-peu de changements ont été apportés aux procédés de fabrication alors

(1) *Le soldat parvenu* (Dresde, 1753).

(2) Le colonato vaut 5 francs.

connus ; et, à l'heure actuelle, les rapports du Jury de la classe XVI font encore foi. Parmi les inventions nous n'avons guère à mentionner que le procédé de M. de La Bastie. Le principe de la méthode est de la plus grande simplicité. Il consiste à plonger le verre à une température voisine du rouge dans des bacs d'huile ou de graisse chauffée. On obtient par ce procédé un produit désigné sous le nom de *verre durci* ou *trempé*, dont les propriétés remarquables ont été étudiées par M. de Luynes.

Verre et cristal trempé. — Plusieurs usines ont été établies pour exploiter industriellement cette découverte. D'autres sont encore en voie de construction.

A Pont-d'Ain, où l'on s'occupe particulièrement de la trempe du verre à vitre, des appareils spéciaux, décrits par M. Armengaud dans le *Bulletin de la Société des ingénieurs civils*, permettent d'amener les feuilles de verre portées au rouge dans les bacs où s'opère la trempe. Ceux-ci sont remplis d'un mélange d'huile de lin et de graisse chauffé à deux ou trois cents degrés.

A la cristallerie de Choisy-le-Roi, on opère de la manière suivante, pour la trempe des objets de gobeleterie :

Les bains, composés uniquement de graisse de boucherie fondue et épurée, provenant des établissements où l'on fabrique pour les usages culinaires une sorte de beurre artificiel désigné sous le nom de *beurrine* ou *margarine*, sont contenus dans de petits bacs en tôle, posés sur roue, et munis d'un double fond en treillis qu'on peut enlever à volonté à l'aide d'empoignes. La chaleur de rayonnement du four de travail autour duquel sont disposés ces bacs suffit à porter la graisse à la température nécessaire pour la trempe du cristal. Cette température varie de 60 à 70 degrés.

Les pièces, une fois façonnées au lieu d'être recuites à l'arche, ainsi que cela se fait habituellement, sont réchauffées à l'ouvreau, puis détachées du poutil à la surface du bain par un coup sec imprimé sur la canne. Cette immersion brusque constitue la trempe. Il ne reste plus qu'à retirer les pièces et à les dégraisser. Pour cela, on éloigne les bacs du four, on enlève le double fond avec les objets qu'il renferme et on le laisse s'égoutter; après quoi les pièces sont enlevées une à une et disposées sur les claies d'une étuve à 70 degrés où elles ne tardent pas à se dépouiller de la majeure partie de la graisse restée adhérente à leurs parois; elles sont ensuite plongées dans un bain saturé de soude caustique chauffé à 50 degrés, puis rincées à l'eau pure.

Ce compte rendu sommaire suffit pour donner idée de la méthode et nous n'entreprendrons point de décrire le menu détail des opérations, pas plus que les ingénieux appareils imaginés pour tremper les pièces à col étroit. Contentons nous de dire que cette fabrication commencée depuis huit ou dix mois à peine a fait déjà de très-grands progrès.

Les objets en cristal trempé sont plus durs et généralement moins fragiles que ceux fabriqués par la méthode de recuisson à l'arche ; de plus ils peuvent supporter le feu et les brusques changements de température sans se briser.

Ces propriétés sont précieuses, mais à côté des avantages il convient de signaler plusieurs inconvénients qui paraissent devoir limiter l'emploi de ce mode de travail.

Dans une industrie comme celle du cristal il faut de toute nécessité varier constamment les formes et les décors, et multiplier les modèles à l'infini au gré d'une clientèle qui recherche avant tout la nouveauté ; or, l'opération de la trempe n'a pu jusqu'ici se prêter qu'à un très-petit nombre de formes, et la nombreuse catégorie des pièces à soudure est restée rebelle au procédé. Quant aux décors, leur application exige beaucoup de prudence; car, toute pièce en verre durci, ornementée autrement que par une gravure légère, ne présente jamais les qualités de solidité qui distinguent la pièce nue. Les tailles *riches* et plusieurs tailles *courantes,* comme celles dites *à côtes plates*, sont même impossibles à exécuter, attendu que si l'on entame le cristal sur une trop large surface ou trop profondément, il éclate à la façon des larmes bataviques.

Un autre inconvénient a été signalé maintes fois par ceux qui ont expérimenté les nouveaux produits. Tel objet qui résiste tout d'abord se brise souvent après quelques mois sans qu'on sache au juste à quoi attribuer la manière si différente dont il se comporte dans des circonstances en apparence identiques (1). Il est à croire toutefois que ce défaut sera moins sensible quand on opérera sur de grandes masses et que tout se réduira pour l'acheteur en gros à un calcul de moyennes : en Angleterre, par exemple, où le public ne saurait s'accommoder des verres à parois épaisses — comme ceux qu'on fabrique ailleurs pour l'usage des cafés et des restaurants — on fait grande consommation de cristaux minces dans les hôtels, buffets de chemins de fer, public-houses, etc. L'essai des verres trempés, entrepris depuis peu dans plusieurs de ces établissements, permettra de décider si la diminution de la casse annuelle produit un bénéfice suffisant pour couvrir la plus-value des frais d'achat, laquelle est loin d'être négligeable (2).

Quel que soit d'ailleurs l'avenir réservé à cette invention, M. de La Bastie, en prouvant qu'il était possible de remédier au défaut de solidité qu'on croyait inhérent à la nature du verre, n'en aura pas moins provoqué l'attention du public sur un point que les fabricants sont tenus désormais de prendre en sérieuse considération. Nous ne doutons pas que, sans même changer leur mode actuel de travail, et par la seule étude, entreprise à ce point de vue, des *compositions* et de la recuisson du verre, ils n'arrivent à accroître sensiblement sa résistance.

---

(1) Faut-il voir là une irrégularité dans la fabrication, ou bien doit-on admettre que les ébranlements successifs peuvent détruire, à la longue, un équilibre moléculaire nécessairement instable? En un mot, ce défaut est-il accidentel ou tient-il à la nature même du verre durci? L'étude de ce verre et des conditions de sa rupture n'est point encore complète : on ne saurait donc trancher la question.

(2) Le prix du verre trempé est actuellement double de celui du cristal ordinaire.

La production actuelle du verre trempé est de 50 à 60 mille francs par mois.

Glaces. — Les manufactures de glaces établies en France sont au nombre de huit, savoir : Saint-Gobain et Chauny, Montluçon, Cirey, Epinay (Seine), Jeumont, Recquignies, Aniche.

Les quatre premiers établissements appartiennent à la puissante compagnie de Saint-Gobain ; ceux de Recquignies et Jeumont situés dans le département du Nord sont une ramification de l'industrie belge. La glacerie d'Epinay a été tout récemment fondée.

D'après la *Statistique sommaire des industries principales* publiée par le Ministère du commerce, les fabriques de glaces, en 1873, ont occupé 3 226 ouvriers et employé 1 645 chevaux, dont 1 265 chevaux-vapeur et 380 chevaux-hydrauliques. La valeur de leur production s'est élevée à 20 742 500 francs, savoir : 16 227 500 francs pour la Compagnie de Saint-Gobain et 4 415 000 francs pour les usines du département du Nord.

Cristal. — L'etablissement le plus important est celui de Baccarat (Meurthe-et-Moselle), les autres sont situés à Clichy, Pantin, Argenteuil, Sèvres et Lyon.

La cristallerie de Baccarat, tout en fabricant à elle seule la moitié des cristaux consommés en France, expédie à l'étranger les sept dixièmes de sa production qu'on peut évaluer au double de celle de tous les autres établissements réunis. Elle occupe 2 000 ouvriers.

La valeur du cristal fabriqué chaque année en France, y compris les montures, est de 11 millions de francs.

Verrerie, gobeleterie, articles d'éclairage. — Cette fabrication est disséminée dans cinquante-six établissements, dont la production annuelle varie de 200 000 francs à 1 200 000 francs. Le relevé, fait avec beaucoup de soin lors du projet d'impôt proposé par la Commission du budget en 1874, s'élève à 21 130 000 francs.

La France, bien que livrant les verres de lampe et en général tous les articles d'éclairage à des prix plus élevés que l'Allemagne et la Bohême a conquis une très-grande avance sur ces deux pays pour la supériorité de sa fabrication. Il n'en est pas de même, au moins dans les petits établissements, pour la gobeleterie commune qu'on produit en France à des prix très-bas ; les fabricants, préoccupés avant tout, d'être de tous celui qui fera le meilleur marché, apportent peu d'attention au façonnage des pièces ainsi qu'à la qualité du verre, et luttent entre eux d'une façon stérile, parfois ruineuse, pour se disputer la clientèle du marché intérieur. On ne peut que souhaiter dans l'intérêt général de l'industrie verrière, de les voir rompre avec ces pratiques et s'adonner au commerce d'exportation qui ne demande pour se développer qu'un peu plus de soins et quelques perfectionnements dans la fabrication.

Verre à vitre. — On compte en France, quarante fabriques de verre à vitre dont la production est d'environ 22 millions.

Bouteilles. — La fabrication des bouteilles a été très-perfectionnée par le fait des exigences des fabricants de vins de Champagne. Aujourd'hui on ne livre plus les bouteilles qu'après les avoir soumises à l'épreuve de la pression, et la casse a beaucoup diminué. A la verrerie de Blanzy, M. Clémandot et Vidcaud ont installé des fours à fabrication continue d'après un système différent de celui de fours à vannes que nous avons décrit.

Il est difficile d'évaluer le chiffre total de production des soixante-dix verreries où l'on fabrique des bouteilles. Cette production varie parfois du simple au double. Nous pensons toutefois pouvoir sans trop d'erreur en estimer la valeur *moyenne* à 40 millions de francs.

Autres espèces de verre. — La fabrication des verres d'optique, est restée jusqu'ici monopolisée entre les mains de M. Feil, héritier des procédés de Guénaud. Les tentatives, faites dans les autres pays et particulièrement en Autriche, ont toujours échoué. La fabrication des bijoux faux en verre, des pierres et perles artificielles, est une industrie essentiellement parisienne et parvenue à un tel degré de perfectionnement qu'il paraît impossible à dépasser; cette industrie s'exerce dans une foule d'ateliers disséminés sur tous les points de la capitale. Si l'on consulte les chiffres officiels pour l'année 1873, on voit que la valeur de production des verres de toute espèce, non compris les glaces, a été de 88 210 675 francs ; le nombre des établissements est porté à 175 celui des ouvriers à 22 830, dont 16 393 hommes, 1 719 femmes et 4 718 enfants.

Le tableau rectificatif pour l'année 1874 que M. Loua, chef du bureau de statistique, a bien voulu nous communiquer est ainsi composé :

	NOMBRE des établissements.	NOMBRE D'OUVRIERS			VALEUR de la production en francs.
		hommes	femmes	enfants.	
Verres et cristaux.	187	18,234	2,063	5,376	115,125,235
Glaces.	8	3,087	268	214	20,146,000

La production totale de la France aurait été d'après cela de 135 271 235 francs.

Importation (1875).

Bouteilles.	489,968 fr.
Gobeleterie.	1,109,575
Groisil.	783,181
Vitrifications en grains taillés ou percés, breloques, verre filé, boules, boutons et corail factice en verre.	1,148,730
Autres objets en verre non dénommés.	1,052,700
Total.	4,584,154 fr.

Exportation (1875).

Miroirs de moins de 1/2 m.² de superficie	388,876 fr.
Miroirs de 1/2 m.² à 1 m.²	117,740
Glaces brutes	236,457
Glaces polies	4,996,418
Glaces étamées	3,318,071
Verres de montre et d'optique	155,984
Bouteilles pleines	7,466,682
Bouteilles vides	3,542,602
Verre à vitre	3,327,907
Groisil	185,041
Gobeleterie et cristaux blancs et colorés	14,634,304
Vitrifications et émail en masse ou en tubes	187,785
Vitrifications en grains percés ou taillés en pierres à bijoux, breloques, verre filé, boules, boutons et corail factice en verre	226,104
Autres objets en verre non dénommés	3,888,942
Total	42,672,913 fr.

DROITS D'ENTRÉE.

Les droits d'entrée en France sont réglés, suivant la provenance des marchandises, par les dispositions du tarif général ou celles du tarif conventionnel.

Le tarif général s'applique aux produits des nations avec lesquelles nous ne sommes point liés par des traités de commerce ; mais, pour tout ce qui concerne la verrerie, on peut dire que le tarif conventionnel est le seul en vigueur, car les États, qui sont en dehors de nos conventions douanières, n'importent point de verre dans notre pays. Nous n'avons donc à nous occuper ici que des dispositions de ce dernier tarif.

TARIF CONVENTIONNEL D'ENTRÉE (1).

	Bases.	Droits.
Verre à vitre	100 kilogr. B.	3 fr. 50
Verres de couleur polis ou gravés Id. de montre et d'optique bruts, taillés ou polis. Gobeleterie et cristaux blancs ou colorés	la valeur.	10 %
Bouteilles pleines ou vides de toutes formes	100 kilogr. B.	1 fr. 30
Groisil ou verre cassé	100 kilogr. B.	exempt.
(2) Vitrifications et émail en masse ou en tubes	100 kilogr. B.	3 fr. 75
(2) Vitrifications en grains percés ou taillés ou en pierres à bijoux, breloques colorées ou non, verre filé, boules, boutons et corail factice en verre	100 kilogr. N.	20 fr.

(1) Les conventions douanières étant généralement basées sur le traitement dit *de la nation la plus favorisée*, ce tarif est le même pour tous les pays avec lesquels nous avons conclu des traités de commerce.

(2) Les importateurs ont le droit de demander, dans la déclaration, l'application du droit de 10 % de la valeur établie par la convention du 16 novembre 1860.

			Bases.	Droits.
Miroirs ayant une superficie.	(1) moins de 1/2 mètre carré.		100 kilogr.	20 fr.
	de 1/2 mètre carré à 1 mètre carré		la valeur	10 °/₀
	1 mètre carré ou plus (glaces)	brutes	mètre carré	1 fr. 50
		polies	id.	4 fr.
		étamées	id.	
Autres objets en verres non dénommés.			la valeur	10 °/₀

Si l'on compare ce tarif d'entrée à celui de sortie, c'est-à-dire au régime à l'importation, on constate que les unités adoptées comme base de perception ne sont pas toujours les mêmes; ainsi la verrerie commune, la gobeleterie et les cristaux allemands entrent en France à la valeur, tandis que les produits similaires français qui pénètrent en Allemagne sont taxés au poids. Ce dernier mode est le meilleur, car il donne le moins de prise aux fausses déclarations, et il serait à souhaiter qu'on l'adoptât uniformément pour cette catégorie de produits, dans les tarifs internationaux. Une mesure qui répondrait, croyons-nous, bien davantage aux vœux des verriers, serait la suppression totale des droits tant à l'entrée qu'à la sortie.

Italie.

On comptait, en 1868, 46 fabriques de verre, en Italie, produisant pour 3 828 000 fr., et occupant 2 000 ouvriers.

La production étant loin de suffire aux besoins de la consommation, l'Allemagne, l'Autriche, et principalement la France, importent pour 14 millions de francs de verres de différentes sortes.

D'après la statistique de 1870, publiée par un journal de verrerie : « Voce di Murano », la production annuelle de l'Italie (y compris l'industrie de Murano, qui seule fabrique pour 5 millions), n'atteignait pas 10 millions de francs.

Les fabriques les plus connues, sont celles du val d'Elsa, de Pise, de Murano, de Livourne, du Castel-Fiorentino, de Venise, de Savone, de Ravenne, de Torre di S. Michele, etc.

Dans le rapport du syndicat de Murano, pour l'année 1868-1869, on trouve les renseignements suivants :

Il y a à Venise et à Murano, 22 sociétés possédant 8 fabriques à Venise et 18 à Murano. Le nombre des pots ou des creusets, est en tout de 66; (en 1867, il était de 172).

On travaille, en moyenne, 44 semaines dans l'année.

---

(1) Les importateurs ont le droit de demander, dans la déclaration, l'application du droit de 10 °/₀ de la valeur établie par la convention du 16 novembre 1860.

Pour ces 66 pots, il y a 688 verriers avec un personnel accessoire de 1 000 personnes environ.

Ces fabriques réunies, travaillent 6 324 985 kilog. de matières brutes.

Outre ces fabriques, il y a d'autres entreprises qui emploient le verre brut pour fabriquer des perles, des pierres artificielles colorées, des boules, etc., et aussi du verre de mosaïque.

Il y a à Murano 8 établissements de ce genre, et à Venise, 17. Ils emploient 2 565 200 kilog. de tubes pour les perles rondes ; 880 000 kilog. pour les perles allongées et taillées.

La fabrication des perles colorées et du verre filé, se fait surtout à Venise.

Pour le cristal, les verres de table et les bouteilles, il y a 6 fabriques à Murano, une seule à Venise. Elles occupent 223 verriers.

Le royaume d'Italie a produit, en 1869, pour 5 235 000 francs de verreries de Venise.

	1 600 000 fr.	de bouteilles.
	2 750 000	de verre à vitre.
Total..........	4 350 000 fr.	

Presque toutes les bouteilles qui entrent en Italie, viennent de Rive-de-Gier et des autres verreries de la Loire.

Le commerce d'importation des glaces, en Italie, — dont la France a gardé longtemps le monopole, — nous est, aujourd'hui, disputé par la Belgique.

STATISTIQUE (1).

Importation.

Glaces brutes..........................	75,680 fr.
Glaces polies ou étamées....................	1,258,900
Gobeleterie en cristal blanc uni................	39,000
— — taillé ou coloré............	665,700
— verre blanc uni...............	1,161,810
— — taillé ou coloré.............	1,869,840
Verre à vitres........................	1,911,600
Bouteilles de tous genres.....................	4,682,730
Verroteries et perles......................	59,000
Vitrifications en pains ou en poudre.............	2,100
Autres espèces de verres non dénommées...........	164,980
Total..........	11,891,340 fr.

(1) *Regno d'Italia. — Ministerio delle Finanze. — Direzione generale delle gabelle. — Movimento commerciale nel* 1874.

Exportation.

Glaces brutes	8,320 fr.
Glaces polies et étamées	64,600
Bouteilles de tout genre	72,050
Cristal blanc uni	24,500
Cristal taillé ou coloré	19,600
Verre blanc uni	37,350
Verre coloré ou taillé	46,680
Verres émaillés, émaux	24,642,000 (1)
Vitrifications en pains	1,500
Autres espèces non dénommées	790
Total	24,976,090 fr.

DROITS D'ENTRÉE DES VERRES EN ITALIE.

	Bases.	Droits. fr.	c.
Miroirs montés, corniche comprise.			
Grands, excédant 40 cent. en longueur ou en largeur	100 kilog. (poids brut.)	60	»
Petits	Id.	40	»
Cristal ouvré.			
Uni ou moulé, non coloré ni taillé	100 kilog. (poids net.)	12	»
Taillé, gravé ou coloré	Id.	15	»
Bouteilles de toute forme et capacité	Id.	2	»
Dames-jeannes sans distinction de capacité	pièce.	»	20
Flacons	le 100.	1	25
Verre ouvré.			
Uni ou moulé, non coloré ni taillé	Id.	5	»
Taillé, gravé ou coloré	Id.	7	»
Verre à vitres	Id.	5	»
Groisil	»	exempt.	
Vitrifications et émaux.			
Taillés en bérils, ou pierres fausses, en grains et en morceaux de cristal percés pour lustres	100 kilog.	50	»
En pains	Id.	3	75
En poudre	Id.	8	»

(1) La statistique officielle du royaume d'Italie pour l'année 1874 porte à 41,756 quintaux — valant 24,642,000 francs — le total de l'exportation italienne en : vitrifications, perles, grains percés, etc. Ce chiffre nous semble erroné ; d'autant plus que la même statistique pour l'année 1873 n'accuse que 7,373 quintaux — valant 3,693,600 francs — comme montant de l'exportation de ces mêmes produits. La somme de l'exportation en verres *de toute espèce* pour cette année 1873 est évaluée à 4,449,171 francs, chiffre beaucoup plus acceptable.

Japon.

Les Japonais qui, dès avant l'ère chrétienne, fabriquaient toutes sortes d'émaux, n'ont appris à façonner le verre qu'à une époque beaucoup plus rapprochée et par l'intermédiaire des navigateurs de Hollande.

Cette industrie s'implanta, tout d'abord, à Nagasaki. Les quelques ouvriers qui travaillent aujourd'hui dans cette ville, n'ont que de petits fours à un seul pot. Les fours sont chauffés au charbon de bois. Les creusets, de dimensions très-restreintes — 40 à 45 cent. de haut sur 25 à 30 cent. de large, — ont une forme ventrue et sont inclinés légèrement dans le four, pour qu'on puisse y plonger plus facilement la canne.

La composition est formée de quartz pulvérisé à la main dans des mortiers de pierre, de nitre ou de soude, et d'oxyde de plomb.

Les produits fabriqués sont peu solides et éclatent facilement, car les Japonais n'ont point d'arches à leur four, et recuisent leurs verres dans des cendres chaudes.

Les ouvriers sont très-habiles à façonner de menus objets en cristal, qu'ils taillent sans métier de tailleur, et avec une peine infinie, à l'aide de limaille de fer ou de grenat pulvérisé; leur fabrication n'a point été dirigée, jusqu'ici, en vue des usages domestiques auxquels le verre peut être appliqué, c'est une fabrication de luxe et de bimbeloterie élégante, consistant en flacons pour servir à table la liqueur de riz appelée « saki », petites tasses à thé pour les enfants, aiguilles et ornements pour la chevelure des femmes, lanternes de couleur, verres de lunettes, etc. Dans ces derniers temps, on faisait aussi à Yeddo, des flacons à bouchons taillés, des éprouvettes, des cheminées de lampe et des thermomètres, mais en petite quantité.

A l'exposition de Vienne, les visiteurs ont remarqué, avec surprise, maintes productions japonaises, en verre très-fin et d'une exécution parfaite.

La forme des pièces était japonaise, et les tailles des flacons exécutées à l'imitation de celles des cristalleries d'Europe.

Dans les 68 provinces du Japon, on ne compte guère que trois ou quatre centres verriers. A Nagasaki, on fabrique les flacons et les objets de parure, à Yeddo, les verres d'usage courant, mais en très-petite quantité, à Kurume, les émaux, et à Satsuma, les cristaux en *doublé*.

Pays-Bas.

Il y a en Hollande 23 verreries, plus des ateliers accessoires pour la décoration.

Ces 23 verreries occupent 1 100 ouvriers; le grand établissement de M. Regout, à Maestricht (cristallerie, — arts céramiques), en occupe 2 450.

La plupart des fabriques font principalement des bouteilles pour les liqueurs, et des flacons qui sont exportés en Angleterre, en Amérique et aux Indes.

L'importation est d'environ :

500,326 fr.	pour le verre à vitre.
549,741	pour le verre à glaces.
1,226,229	pour les verres de toute sorte.
82,356	pour les bouteilles.
199,747	pour les groisils.
2,558,429 fr.	au total.

Les verres et cristaux de toute sorte. — Les glaces et les miroirs étamés ou non, acquittent un droit de 5 p. 100 de la valeur, à l'entrée en Hollande.

STATISTIQUE (1).

Exportation.

Verre à vitre de toute sorte :	
64,716 kilogr.	22,650 guld.
Verre à glace :	
5,747 kilogr.	7,471 guld.
Verre à bouteilles :	
2,931,133 kilogr.	337,081 guld.
Autres sortes de verres :	
1,263,523 kilogr.	1,895,284 guld.
Groisil :	
105,370 kilogr.	6,321 guld.
Valeur de l'exportation	2,248,807 guld.

Portugal.

L'industrie du verre, sur toute la surface du territoire portugais, n'occupe que quelques centaines d'ouvriers.

L'établissement le plus important, est l'ancienne manufacture royale de Vidros de Marinha, fondé par le marquis de Pombal, ministre du roi Joseph Ier. On y fait du cristal et des verres fins.

Dans les autres verreries, on ne fabrique que du verre à vitre et de la gobeleterie commune, pour les besoins du pays.

(1) *Statistik van den Handel en de Scheepvaart van het Koningrijk der Nederlanden over het Jaar 1874 intgegeven door het Departement van Financen.*

STATISTIQUE (1).

Importation.

Verres et cristaux	60,853,000 reis.
Bouteilles	82,908,000
Glaces brutes	2,843,000
— polies et étamées	26,883,000
Ustensiles de laboratoire	3,002,000
Émaux, vitrifications	10,156,000
Bijouterie en verre	14,392,000
	201,037,000 reis (2).

Exportation.

Le chiffre en est insignifiant ; en 1873, il a été de 7,740,000 reis.

DROITS D'ENTRÉE DES VERRES EN PORTUGAL.

Verres et cristaux.

	Bases.	Droits. fr. c.
Bouteilles et autres vases en verre commun noir ou vert.	100 kilog.	3 12
Verre en tables ou en feuilles.		
Polies (glaces et miroirs) ayant en superficie : plus de 756 centimètres carrés :		
Étamées	par 6 centim. carrés.	» 01
Non étamées	Id.	» 006
Jusqu'à 756 centim. carrés, y compris les cadres et bordures	100 kilog.	31 20
Non polies, et verre et cristal noir non dénommé, souflé, moulé ou taillé, en pièces de toute forme, colorées ou décorées	Id.	100 »
Verre cassé ou groisil	»	exempt.

Vitrifications.

	Bases.	Droits. fr. c.
Pour bijouterie (grains, etc.)	100 kilog.	31 »
Pierres précieuses artificielles et perles fausses	Id.	312 »

(1) *Estatistica geral do commercio de Portugal com as suas possessões ultramarinas e as nações estrangeiras durante o anno civil de 1873.*

(2) 180 reis valent 1 franc.

Émail.

Bleu	»	exempt.
Autres	100 kilog.	31 »

Russie (1).

La première verrerie russe fut construite, en 1635, par un suédois qui reçut du czar Michaël Théodorowitsch, le privilége de fabriquer du verre en Russie et de le vendre pendant quinze ans, sans impôts, dans tout l'empire.

Pierre le Grand, appréciant toute l'importance de cette industrie, fonda lui-même des verreries.

Vers l'an 1760, le général Malzof construisit aussi différentes grandes fabriques de verre dans l'intérieur du pays.

A partir de ce moment, l'industrie verrière se développa rapidement. Pour se faire une juste idée de son état actuel, il convient d'examiner successivement chacun des groupes industriels et commerciaux dans lesquels on l'exerce, car elle se présente avec des caractères très-différents les uns des autres, suivant les provinces.

Groupe de l'Est.

(*Gouvernements :* Wilna, Grodno, Minsk, Wolhynie, Witebsk.)

On compte dans la zone de l'Est 31 verreries. Elles appartiennent toutes à des particuliers, et, sauf quelques exceptions, sont pour la plupart très-mal administrées, leur direction étant confiée à des gérants juifs, aussi ignorants qu'intéressés.

On y fond le verre dans des fours de 4 à 6 pots, chauffés au bois, et d'une construction presque toujours défectueuse.

Dans les verreries à bouteilles, la durée de la fonte varie entre 48 et 72 heures pour un travail pendant lequel on ne produit que de deux à trois mille pièces. On estime que pour obtenir 1 000 kilog. de verre, il faut brûler 12 000 kilog. de bois.

Les *compositions* sont très-variables et tout à fait empiriques. La potasse est plus souvent employée comme fondant que les carbonates et sulfates de soude ; ces deux derniers produits sont tirés de l'étranger et arrivent par Wilna, Riga ou Warschau, ainsi que le manganèse, que la province de Kiew ne peut fournir en quantité suffisante.

---

(1) D'après le rapport de M. Kroupski, professeur à l'Institut technologique de Saint-Pétersbourg, membre du jury du IXe groupe à l'Exposition universelle de Vienne.

Groupe du Nord.

(*Gouvernements :* Saint-Pétersbourg, Nowgorod, Twer.)

Presque toutes les verreries de ce groupe sont dirigées par des allemands. Leur production est assez importante, et leur mode de travail régulier. Dans plus d'une, on a déjà installé des fours à gaz du système Siemens. On y fait, non-seulement des bouteilles et du verre à vitre, mais aussi du cristal, de la moulure, des appareils de chimie, des verres colorés, etc.

Les verreries de ce groupe sont moins favorisées, sous le rapport du combustible et de la main-d'œuvre, que celles de l'intérieur (groupe central), mais elles possèdent d'autres avantages; l'écoulement des produits y est facile, et les matières premières plus à portée des usines.

Dans quelques-uns de ces établissements, on brûle des charbons anglais.

Le sable dont on se sert pour la fabrication du cristal, vient de France, mais on tend à lui substituer, le quartz de Finlande, qui fournit une silice très-pure.

Les terres réfractaires sont de qualité supérieure dans le gouvernement de Nowgorod. On les expédie jusque dans les provinces les plus éloignées ; néanmoins, aucune usine ne les emploie sans les avoir préalablement mélangées aux terres de Belgique et de Magdebourg.

Les soudes étrangères prussiennes ou anglaises, servent de fondants. Aucune fabrique n'a encore été établie en Russie pour obtenir la soude artificiellement par le procédé Leblanc; le sel de Glauber y est rare et cher; les cristalleries tirent la potasse de l'intérieur des terres, et la raffinent à l'usine même.

Au groupe du Nord appartient la verrerie de Saint-Pétersbourg, placée sous la direction du ministère de la cour impériale, comme propriété personnelle de S. M. l'empereur de Russie.

Cette verrerie, fondée par Pierre le Grand, eut d'abord son siége à Moscou, sur le Sperlings-Berg. On fit venir d'Angleterre des ouvriers auxquels on adjoignit, comme apprentis, de jeunes militaires. En 1769, elle fût transportée aux environs de Schlüsselberg, près du village de Nasia, et, dix ans plus tard, à Saint-Pétersbourg. Cet établissement, qui a trois fours, occupe 130 ouvriers. On y fabrique annuellement du cristal pour une valeur de 70 000 roubles; on y fait aussi beaucoup d'émaux à mosaïque, des verres peints, et surtout des verres colorés dans la masse d'une façon très-remarquable.

Il y a dans la zone du Nord 35 verreries, dont 17 dans le gouvernement de Saint-Pétersbourg, 9 dans le gouvernement de Nowgorod, et 9 dans celui de Twer.

Groupe du Nord-Est.

(Courlande et Livonie.)

Des 11 verreries comprises dans ce groupe, la plus importante est celle de M. Amelung, à Woyseck. Fondé en 1770, cet établissement est actuellement dirigé par M. Benrath de Dorpat, qui lui a fait subir d'importants perfectionnements, et l'a considérablement développé.

C'est la seule fabrique de glaces coulées qu'il y ait en Russie; elle possède 7 fours, une polisserie, un moteur hydraulique de 70 chevaux de force, et occupe 200 ouvriers. La valeur de la production annuelle est estimée à 85 mille roubles.

Les ateliers d'étamage sont à Saint-Pétersbourg.

Groupe du Centre.

(*Gouvernements :* Jaroslaw, Wladimir, Moscou, Smolensk, Riazan, Orel, Penza.)

L'industrie du verre y a, depuis longtemps, pris racine; de tous les groupes, celui du centre est le seul à posséder une population de verriers russes pur-sang, dont les membres se forment entre eux et se succèdent les uns aux autres.

Dans le rayon occupé par ces verriers russes, se trouvent les plus beaux, les plus riches, et les plus prospères des établissements du royaume. L'abondance du combustible et de la potasse, l'excellence des matériaux réfractaires, et le bon marché de tout ce qui est nécessaire à l'entretien de la vie, sont autant d'avantages réunis ici, et qu'on ne rencontre ensemble dans aucune autre zone.

Le groupe central comprend 58 établissements parmi lesquels nous citerons celui qui se trouve annexé à la grande fabrique d'eaux gazeuses de *Lanine*, à Moscou, et qui produit, pour les besoins de cette fabrique, environ 2 millions de bouteilles par an, dans des fours Siemens à « Vannes. » Il est curieux de constater que la Russie nous ait devancés pour ce genre de perfectionnement.

Quelques établissements emploient, comme fondant, concurremment avec la potasse, le sel de Glauber natif qu'on rencontre sur les bords du golfe d'Astrakan.

Groupe de l'Est.

(*Gouvernements :* Kazan, Nijni-Nowgorod, Simbirsk, Perm, Wiatka, Ufa, et la Sibérie.)

Les établissements de ce groupe, qui sont au nombre de 30, présentent des caractères analogues à ceux du groupe précédent, mais sont beaucoup moins importants.

Les verreries de Sibérie produisent des vitres et de la gobeleterie ordinaire; les matières premières sont le quartz cristallisé et le sel de Glauber natif.

La valeur de la production verrière dans toute la Russie est, d'après les registres officiels du ministère du commerce, de 6 500 000 roubles; mais, comme un grand nombre de petits établissements, pour se soustraire au fisc, accusent un chiffre d'affaire inférieur à la réalité, on peut considérer ce nombre comme étant de 30 p. 100 trop faible.

Jusqu'en 1850, l'importation des verres, en Russie, était insignifiante, et ce commerce se faisait principalement par l'intermédiaire des villes hanséatiques; depuis, grâce aux traités de commerce qui ont introduit, en Russie, un régime douanier plus libéral, le chiffre des importations s'est élevé successivement jusqu'au quart de celui de la consommation totale.

En 1863 on a exporté, d'Autriche à Odessa, 5 039 quintaux autrichiens de verres de différentes sortes.

En 1873, on en a exporté 13 032 quintaux.

DROITS D'ENTRÉE DES VERRES EN RUSSIE.

Verres et cristaux.

	UNITÉS RUSSES.		UNITÉS FRANÇAISES.	
	Bases.	Droits. roub. cop.	Bases.	Droits. fr. c.
Objets en verre de bouteille verdâtre, non taillés, non polis et sans ornements autres que des lettres ou dessins moulés.	poud.	» 50	100 kilog.	12 21
Verre à vitre de toute espèce, blanc, mi-blanc et verdâtre ; objets en verre blanc et mi-blanc, non taillés et non polis, ailleurs que sur fonds, bords ou bouchons, et sans ornements autres que moulures.	Id.	1 10	Id.	26 86
Verre à vitre coloré dans la masse, ou blanc opaque uni ou ondulé ; objets en verre coloré dans la masse ou en *doublé*, ou blanc opaque dépolis, non taillés ailleurs que sur fonds, bords ou bouchons, sans dorure ni argenture ni ornements autres que des moulures.	Id.	2 »	Id.	48 84
Objets en verre blanc et en cristal, taillés sans autres ornements. . .	Id.	4 »	Id.	97 67
Objets en verre coloré dans la masse ou en *doublé*, blanc opaque, taillés et polis ; objets en verre de toute espèce avec peinture, dorure, dessins gravés à la roue ou à l'acide, ou montés en bronze. .	Id.	8 »	Id.	195 35
Miroirs et glaces à miroirs ayant en superficie :				
100 *verchoks* car. (0 m. q. 1,971) ou moins.	livre.	» 06	kilog.	» 59

	Unités russes.		Unités françaises.	
	Bases.	Droits. roub. cop.	Bases.	Droits. fr. c.
De 101 à 200 *verchoks* car. (0 m. q. 1,991 à 0 m. q. 3,942)......	le verch. car.	» 3/4	déc. car.	» 05
De 201 à 300 *verchoks* car. (0 m. q. 3.962 à 0 m. q. 5,913)......	Id.	» 01	Id.	» 10
De 301 à 400 *verchoks* car. (0 m. q. 5,933 à 0 m. q. 7,885)......	Id.	» 01 1/2	Id.	» 30
De 401 à 500 *verchoks* car. (0 m. q. 7,904 à 0 m. q. 9,885)......	Id.	» 02	Id.	» 41
De 501 à 600 *verchoks* car. (0 m. q. 9,875 à 1 m. q. 1,825)......	Id.	» 02 1/4	Id.	» 46
De 601 à 800 *verchoks* car. (1 m. q. 1,846 à 1 m. q. 5,768)......	Id.	» 02 1/2	Id.	» 51
De 801 à 1200 *verchoks* car. (1 m. q. à 2 m. q. 3,653).........	Id.	» 02 3/4	Id.	» 57
De plus de 1,200 *verchoks* (2 m. q. 3,653)...............	pièce.	30 »	pièce.	120 »

Suède.

Ce pays est en voie de prospérité, et l'industrie du verre y acquiert, chaque année, de nouveaux développements; les fours du système Siemens fonctionnent déjà dans la plupart des établissements, ils sont chauffés au bois de pin ou avec la tourbe; l'élément siliceux des compositions est fourni par le quartz, le sable des bords du lac Vetter, ou celui, plus fin, envoyé de France; les alcalis et autres produits chimiques, sont, en grande partie, tirés de l'étranger.

L'importation du verre, en Suède, est aujourd'hui réduite au dixième de ce qu'elle était en 1862; par contre, l'exportation,— pour la Norwège et la Russie,— a augmenté dans des proportions considérables. (En 1866, elle n'était que de 845 quintaux).

Les verreries de Suède, sont ainsi réparties dans les différents départements : Vermland : 6; Kronoberg : 7; Ostergothie : 1; Goteborg : 1; Saraborg : 2; Elfsborg : 3; Westernorrland : 1; Jönköping : 2; Stockholm : 1; Calmar : 2; Orebrö : 1; Westerbotten : 1.

Ce qui fait, en tout, 28 établissements qui, presque tous, fabriquent en même temps du verre à vitre et des bouteilles, ou de la gobeleterie.

La valeur de la production totale a atteint, en 1873, le chiffre de 2 283 298 couronnes (1), — dont 442 557 R. dr., pour les verres à vitre, et 1 840 741 R. dr., pour les bouteilles et la gobeleterie.

Ce chiffre est en augmentation de 499 322 R. dr., sur celui de 1872, et de 645 507 R.

(1) Valeur de la couronne 1 fr. 7/18. — 18 R. dr., ou couronnes = 25 francs.

dr., sur la valeur moyenne des produits fabriqués pendant la période 1867-1871.
Le nombre des ouvriers occupés dans les verreries, est de 1 459.

STATISTIQUE (1).

Importation.

Verre à vitre	225,403 R. dr.
Glaces brutes	14,817
Id. polies sans étamage	28,315
Id. Id. avec étamage	110,487
Articles d'éclairage	43,230
Bouteilles	104,208
Gobeleterie	319,521
Lustrerie	15,306
Vitrifications et perles	13,561
Appareils de chimie	2,802
Autres espèces non dénommées	33,923
Total	911,573 R. dr.

Exportation.

Bouteilles	269,304 R. dr.
Verre à vitre	3,770
Autres espèces non spécifiées	19,772
Total	292,846 R. dr.

DROITS D'ENTRÉE DES VERRES EN SUÈDE.

Verres et cristaux.

	Bases.	Droits. fr. c.
Bouteilles (non compris les bouteilles ou carafes pressées ou taillées)	»	exempt.
Verre en feuilles.		
Étamées	kilog.	» 33
Non étamées, taillées, colorées, dorées, vernies, gravées, dessinées, dépolies	Id.	» 19
Autres	»	exempt.
Tuiles de verre, jattes à lait, becs en verre pour filets de pêche, pots à confitures	»	Id.
Cucurbites, cornues, isoloirs	»	Id.
Verres d'optique non montés; vitrifications non mon-		

(1) *Bitrag till Sveriges Officiele Statistik. — Utrikes Handel och Sjofart. — Commerce Collegii underdaniga Berattelse for Ar* 1873.

	Bases.	Droits. f. c.
tées; fiel de verre; émail en masse; fonte de verre; groisil.	»	Exempt.
Vitrifications et perles de verre montées (se pèsent avec la monture et suivent le régime de cette dernière),		
Autres articles en verrerie.	kilog.	» 37
Bouteilles entourées d'osier qui ne peut être considéré comme emballage.	Id.	» 37

Suisse (1).

Le combustible et les matières premières qui servent à fabriquer le verre, sont rares et chers dans presque toute la Suisse; d'un autre côté, la France, l'Allemagne et l'Autriche pouvant, sans grands frais, expédier leurs marchandises sur ce territoire, font à la production indigène une concurrence redoutable, et fournissent la majeure partie de ce qui est consommé dans le pays : aussi, l'industrie du verre, en Suisse, est-elle en voie de décroissance.

Dans la seconde moitié du siècle dernier, quatre verreries étaient établies à Goldenthal, Lauffen, Roche et Semsales; le nombre des établissements s'éleva, par la suite, jusqu'à quatorze, mais aujourd'hui on en compte plus que huit, situés à Ems, Moutier-Grandval, Bellelay, Küsnacht, Hergiswyl, Flühli, Mouthey et Semsales.

Une statistique de 1857 portait le chiffre de la production annuelle à 7 millions de kilog. de verre, aujourd'hui on n'en fabrique plus que de 2 500 000 à 2 800 000 kilog.

La valeur de la production totale du verre, en 1860, était estimée à 2 millions de francs.

En 1873, les verreries suisses ont fabriqué :

475 tonnes de verre blanc fin ou ordinaire; uni ou taillé.
150 tonnes de verre commun teinté.
1,050 tonnes de bouteilles.
1,150 tonnes de verre à vitre.

Le chiffre d'exportation est d'à peine 100 tonnes. Il était de 200 tonnes en 1867, d'après le rapport de l'exposition.

L'importation est de :

	200	tonnes pour le cristal, les verres colorés et le verre de Bohême.
	400	— pour le verre blanc uni ou taillé.
	250	— pour la goulotterie, les fioles de pharmacie, etc.
	800	— pour le verre à bouteille.
Total. . . .	2,650	tonnes.

(1) D'après le rapport de M. l'ingénieur Quiquerez sur l'industrie du verre en Suisse.

Le nombre des ouvriers occupés dans les verreries suisses, est de 378. Leur salaire est très-variable : un ouvrier de 15 à 17 ans, peut gagner de 2 à 4 francs par jour ; le souffleur, pour le verre à vitre, payé à la pièce, gagne facilement de 10 à 11 francs par jour, et les tailleurs (payés aussi à la pièce), 4 à 5 francs.

Les gamins de 11 à 15 ans, n'ont que 30 francs par mois.

DROITS D'ENTRÉE DES VERRES EN SUISSE.

Verres et cristaux.

	Bases.	Droits. fr. c.
Cloches en verre commun pour les jardins	100 kilog.	1 50
Cloches et cylindres pour l'éclairage en verre ordinaire	Id.	7 »
Cloches et cylindres en verre fin, poli, mat ou en verre mousseline	Id.	16 »
Miroirs et verre étamé pour glaces, mesurant moins de 2 pieds carrés (0m,18) le cadre compris	Id.	16 »
Miroirs et verre étamé pour glaces de 2 pieds carrés (0m,18) avec le cadre	Id.	30 »
Perles de verre, pierreries fausses, vitrifications	Id.	16 »
Plaques de verre pour voitures	Id.	7 »
Verre à vitre et verrerie commune, verrerie soufflée et tuyaux de verre commun, avec base et bords légèrement polis, bouteilles avec bouchon à l'émeri et toute la verrerie non assujettie à un autre droit	Id.	7 »
Verre à vitre, mat, mousseline de couleur. Verres avec peinture	Id.	16 »
Peinture sur verre (objets d'art)	Id.	30 »
Verres d'optique	Id.	4 »
Verre ordinaire ; baguettes en masse ; lisses pour métier à tisser	Id.	3 »
Verrerie fine, cristaux, verrerie soufflée blanche ou de couleur, polie ; autre verrerie polie ou taillée	Id.	16 »
Verrerie soufflée, verte ou brune, en ballons ; bouteilles communes à vin en verre vert ou brun ; fioles de pharmacie en verre ordinaire moulé	Id.	1 50
Verre non étamé pour glaces sans distinction de valeur	Id.	16 »
Groisil	»	exempt.

Autres pays.

Les verreries situées dans les pays autres que ceux que nous venons d'énumérer, n'ont aucune importance.

Au Brésil nous trouvons une verrerie à San-Roque, près Rio-Janeiro. On y fait des flacons, de la gobeleterie et du verre à vitre ; cet établissement suffit à peine à fournir la centième partie de la consommation du pays, alimentée par la Belgique.

7

Dans les États du sultan, il n'y a point de verreries, on cite, cependant, quelques ateliers isolés sur la côte d'Asie, et une fabrique au Caire.

Deux verreries ont été établies récemment en Grèce ; l'une, à Syra, l'autre au Pirée. On y fait des bouteilles et des verres à vitre.

DROITS D'ENTRÉE DES VERRES EN TURQUIE.

Les verres et cristaux, les vitrifications et l'émail, acquittent, à l'entrée, un droit de 8 p. 100 de la valeur officielle.

DROITS D'ENTRÉE DES VERRES EN GRÈCE.

	Bases.	Droits. fr.	c.
Verres à vitres.	100 kilog.	4	20
Bouteilles communes noires ou verdâtres d'une contenance de :			
250 drachmes.	100 en nombre.	1	80
500 —	Id.	2	70
plus de 500 —	Id.	4	50
Vaisselle de verre et cristal de toute sorte, blanc ou de couleur, doré ou non.	100 kilog.	10	55
Vases à fleurs ou pour confitures. Caves à liqueurs, globes de lampes, boules de jardins.	Id.	35	16
Verre cassé, groisil.	exempt.		

Valeur totale du verre fabriqué en Europe et Amérique. — La production annuelle du verre a presque doublé depuis vingt ans. On peut l'estimer, d'après les tableaux qui précèdent, à une valeur de six cents millions.

PARIS. — IMPRIMERIE DE MADAME VEUVE BOUCHARD-HUZARD, RUE DE L'ÉPERON, 5;
Jules TREMBLAY, gendre et successeur.

www.ingramcontent.com/pod-product-compliance
Lightning Source LLC
LaVergne TN
LVHW050454160826
845677LV00003B/782

* 9 7 8 2 3 2 9 6 6 6 6 4 8 *